Beck'sche Reihe
BsR 1004

W0196031

Nach „Von Ufos entführt" beschäftigt sich Ulrich Magin mit der Wahrnehmung von Phänomenen, die es in einem durch Naturwissenschaften geprägten Zeitalter nicht geben kann: Trolle, Drachen, Kröten- und Insektenregen. Dabei gilt Magins Interesse der Frage, warum es heute noch Menschen gibt, die glauben, Trolle, Drachen, Yetis oder Marienerscheinungen gesehen zu haben.

In jahrelanger Recherche, die er schon als Jugendlicher begann, hat Magin aus Büchern, Zeitungen und Zeitschriften die Meldungen zusammengetragen, die er in seinem Buch „Trolle, Yetis, Tatzelwürmer" verarbeitet hat. Daraus ist eine Kulturgeschichte der anderen Art entstanden: Es stellte sich heraus, daß atavistische Weltbilder sehr gut im Kleid einer neuen Zeit erscheinen können. Besonders beeindruckend ist die Entsprechung von Frauenentführungen durch Ufos und Märchen, in denen wilde Wassermänner irdische Frauen an den Grund des Mummelsees im Hochschwarzwald verschleppen. Und wenn man den Augenzeugen Glauben schenken will, wurden Panther und Yetis auch in mitteleuropäischen Wäldern gesichtet.

Ulrich Magin berichtet von bezeugten Ereignissen, die nicht wirklich geschehen sein können, aber als wahr geglaubt werden. Er entdeckt dabei einen irrationalen Charakterzug im Menschen, den er gleichwohl in keiner Weise verdammt, sondern von dem er weiß, daß er zum Wesen des Menschen gehört und seine Weltsicht bereichern kann.

Ulrich Magin, geboren 1962, untersucht seit vielen Jahren Fortianische Phänomene, worüber er in nationalen und internationalen Fachzeitschriften berichtet hat. In der Beck'-schen Reihe erschien sein Buch „Von Ufos entführt. Unheimliche Begegnungen der vierten Art" (BsR 462).

ULRICH MAGIN

Trolle, Yetis, Tatzelwürmer

*Rätselhafte
Erscheinungen in Mitteleuropa*

VERLAG C.H.BECK MÜNCHEN

Mit 18 Abbildungen im Text

Die Deutsche Bibliothek – CIP-Einheitsaufnahme

Magin, Ulrich:
Trolle, Yetis, Tatzelwürmer : rätselhafte Erscheinungen in
Mitteleuropa / Ulrich Magin. – Orig.-Ausg. – München :
Beck, 1993
    (Beck'sche Reihe ; 1004)
    ISBN 3 406 37394 1
NE: GT

Originalausgabe
ISBN 3 406 37394 1

Einbandentwurf von Uwe Göbel, München,
unter Verwendung einer Zeichnung von Albrecht Rissler, Heidelberg
© C.H. Beck'sche Verlagsbuchhandlung (Oscar Beck), München 1993
Gesamtherstellung: C.H. Beck'sche Buchdruckerei, Nördlingen
Gedruckt auf säurefreiem, aus chlorfrei gebleichtem Zellstoff
hergestelltem Papier
Printed in Germany

Inhalt

Von den Göttern weiß ich nichts, doch ich den-
ke, daß der Fluß ein starker brauner Gott ist –
trübsinnig, ungezähmt, störrisch und in Maßen
geduldig, ist er zuerst Grenze ... und zuletzt nur
noch eine Herausforderung an Brückenbauer.
Sobald dieses Problem gelöst ist, wird der braune
Gott von den Stadtbewohnern vergessen.
T. S. Eliot: The Dry Salvages, I

Die Tür zum Wunderland

Einleitung

Von seinen Zeitgenossen wurde der Mathematikdozent Charles
Lutwidge Dodgson (1832–1898) aus Oxford als linkischer, wenig redegewandter Sonderling geschildert, der in der Anwesenheit von Erwachsenen zu stottern begann. Dodgsons Entdekkung, die wie so viele bedeutende Erkenntnisse intuitiv war,
fand am 4. Juli 1862 statt. Er hütete Alice Liddell, die kleine
Tochter eines Bekannten, denn er hatte keine Schwierigkeiten,
mit Kindern zu sprechen. Klein Alice wollte eine Geschichte
hören, und der Mathematiker begann, frei aus sich heraus zu
fabulieren: von einem kleinen süßen Mädchen namens Alice,
das eines Tages mit seiner Schwester einen Ausflug zu einem
Bach machte.

„Alice wurde sehr müde, weil sie neben ihrer Schwester sitzen mußte und nichts zu tun hatte: Ein- oder zweimal hatte sie
kurz in das Buch ihrer Schwester geblickt, doch es waren weder
Bilder noch Gespräche darin. Sie überlegte sich daher, ob es die
Mühe wert war, aufzustehen und Gänseblümchen zu pflücken
(sie dachte nach so gut es eben ging, denn der heiße Tag machte
sie sehr schläfrig und dumm), da huschte plötzlich ein weißes
Karnickel mit rosa Augen an ihr vorbei.

Das war nicht bemerkenswert, und Alice fand es auch nicht ungewöhnlich, daß das Karnickel ‚Oh Gott, oh Gott, ich komme zu spät!‘ sagte (später, als sie über all das nachdachte, kam sie zu dem Schluß, daß sie hätte verwundert sein müssen, doch zu der Zeit erschien alles ganz natürlich), aber als das Karnickel doch tatsächlich eine Uhr aus der Jackentasche zog, auf sie blickte und dann weiterhastete, stand Alice auf, denn ihr wurde klar, daß sie nie zuvor ein Karnickel mit einer Jackentasche gesehen hatte ... Vor Neugier entbrannt lief sie dem Karnickel nach, gerade noch rechtzeitig, um es in einem großen Loch unter einer Hecke verschwinden zu sehen.

Und im gleichen Moment sprang ihm Alice nach."[1]

Was Dodgson unter seinem Künstlernamen Lewis Carroll später in dem Buch *Alice im Wunderland* veröffentlichte, war der Schlüssel zu den unerklärlichen Ereignissen und Wahrnehmungen, die Menschen schon seit Jahrtausenden berichten: Es genügt, sich für einige Sekunden in schläfrigem Zustand von der Alltagsrealität ablenken zu lassen, sei es durch eine fliegende Untertasse, einen Drachen, einen Schneemenschen, einen Regen von Fröschen oder einen Hasen mit Taschenuhr, und schon betritt man das Wunderland, das ganz dicht bei unserer Alltagsgeographie, aber in einem nichtalltäglichen Wahrnehmungszustand liegt. Wie Alice bei ihrer Tour durch das unterirdische Land feststellen konnte, sind dort die Möglichkeiten und Fähigkeiten des Erlebens weitaus weniger begrenzt als im Alltag, und jede Argumentation um deren Realitätswert ist müßig und für die Bewohner des Wunderlandes lächerlich. „Ich habe heute schon sieben unmögliche Dinge geglaubt", sagt einer der Bewohner zu Alice, „und das war alles noch vor dem Frühstück!"

Wie Alice auch erfährt, können im Wunderland Gefahren lauern, die die realen bei weitem übertreffen, aber da dort nichts so funktioniert wie „hier", sind auch andere Lösungen möglich – jedenfalls sind für uns Irdische die Gesetze dort undurchschaubar, unlogisch, sie drehen und wenden sich gegen uns, und doch können wir aussteigen, wenn es zu brenzlig wird: Alice erwacht und hat keinen Beweis für ihre spannenden Abenteuer, von ihrer Erinnerung abgesehen.

Carroll, der Entdecker des Wunderlandes um uns, kümmerte sich nicht sehr um Erklärungen; heute forschen Psychologen, wie unser Gehirn arbeitet, wenn wir die Tür durchschreiten, Soziologen analysieren die gesellschaftlichen Umstände, die das Ein- und Austreten erschweren oder erleichtern, und Folkloreforscher[2] untersuchen, wo die Wesen, denen wir begegnen können, und die Situationen, die zu meistern sind, ihre Wurzeln in · der Mythologie der Völker haben.

Der Amerikaner Charles Hoy Fort[3] (1874–1932) war der erste Eroberer dieses Wunderlandes; er sammelte die Berichte des Zusammentreffens irdischer Landsleute mit den Kreaturen und Regionen der Anderen Welt und beschrieb ihre Pseudo-Geographie und imaginäre Fauna und Flora.[4]

Fort sammelte mehrere 10 000 Zeitungs- und Magazinschnipsel über Begegnungen von Menschen mit Seeungeheuern, Drachen, fliegenden Maschinen, pelzigen Männern, lebenden Dinosauriern, umherwandernden Sternen, über Menschen, die spurlos verschwanden, von eigenartigen Geräuschen am Himmel, über den Regen von Fischen, Kröten, Blut, Schwefel und großen Eisbrocken, von den Fußabdrücken seltsamer Wesen im Schnee Englands und von Meteoriten bei Erdbeben. All diese Erscheinungen und viele mehr, die zwar erlebt, aber niemals schlüssig bewiesen werden können, sind heute zur Ehre ihres Sammlers als „fortianische Phänomene" bekannt.

Forts Entdeckung: Menschen, und insbesondere Naturwissenschaftler, haben die merkwürdige Eigenschaft, die Existenz eines Wunderlandes, das eine Berechtigung neben der alltäglichen Konsensrealität hat, nicht etwa zu bestreiten, sondern zu faktualisieren – sprich: Erklärungen für das Unerklärliche zu finden, um es in Kategorien sortiert, in einem Wust von Terminologie verschwinden zu lassen. Dabei ist es nicht wichtig, daß eine Erklärung gefunden wird – zu behaupten, ein Ding oder das Wesen des Wunderlandes sei für die Wissenschaft kein Mysterium mehr, wird die gleiche Wirkung tun. Am Himmel knallt es auf ungewöhnliche Weise. Die Zeitung befragt „Experten". Experten sagen, es sei der Überschallknall eines neuen amerikanischen Flugzeugtyps. Fort führt mehrere Dutzende

Knalle aus Pakistan an, die sich im 19. Jahrhundert ereigneten, als es noch keine Jets gab. Die Erklärung, die das Phänomen wegerklären sollte, greift nicht.

Menschen sehen in einem See ein Monstrum mit langem Hals und grünem Leib. Vielleicht ein überlebender Dinosaurier, mutmaßt ein Zoologe. Aber das gleiche Ungeheuer, 400 Jahre vorher geschildert, wurde als Wassermann mit menschlicher Gestalt beschrieben – das kann kein Dinosaurier gewesen sein.

Das Wunderland ist vage, von tausend Menschen auf tausendfach verschiedene Art und Weise gedeutet, und jede Erklärung, sagt Fort, konventionalisiert das Erlebte und engt die Variationsbreite des Erlebbaren bedenklich ein. Die Kreaturen des Wunderlandes sind erlebbar, sie sind sogar erklärbar, nur eben immer in der beschränkten Weltsicht der jeweiligen Erklärer, die zu verschiedenen Zeiten und in verschiedenen Kulturen stets widersprüchliche Weltmodelle nutzten, die sie erweiterten oder in die sie das Unintegrierbare hineinpreßten.

Carroll, der erkannte, wie einfach es ist, das Wunderland zu betreten, und Fort, der uns deutlich macht, daß das Wunderland erlebbar, aber nie beweisbar sein wird, weil die faktualisierten Ereignisse eben nicht mehr Bestandteil des Wunderlandes sind: Beide stehen Pate bei dieser Besichtigung der „Anderen Welt" Mitteleuropas.

Eine Flut von Büchern über „die größten ungelösten Geheimnisse" der Welt überschwemmt den Markt, und bei den meisten dieser Werke handelt es sich um hastig und lieblos zusammengestellte Bände, die voneinander kopieren und selten mehr bieten als die stets gleiche Anzahl von Ufo-Geschichten, Yeti-Berichten und Nessie-Beobachtungen. Selbst die deutschen Originalveröffentlichungen zu diesem Thema ignorieren das hiesige Material und beschränken sich auf das sensationalisierte Herunterbeten amerikanischer Zeitungsberichte, die – natürlich – alle authentisch sind und beweisen, daß Urmenschen und Dinosaurier überlebt haben und wir von Außerirdischen aus dem Weltraum besucht werden. Mit der Ausnahme von Janet und Colin Bords Geheimnisse des 20. Jahrhunderts,[5] das auch auf deutsche, österreichische und Schweizer Berichte eingeht, ist das deutschsprachige Mitteleuropa ein weißer Fleck auf der Landkarte des Unbekannten.

Dieses Buch will Abhilfe schaffen und sich ganz auf diese Region beschränken, wenn auch kleine Exkurse und Anmerkungen zu anderen Teilen der Welt hin und wieder notwendig sind. Dabei sollen keine endgültigen Antworten gegeben, es soll nichts bewiesen werden – was ja auch nicht getan werden kann, es sei denn, man lullt mit angeblichen Zitaten von angeblichen wissenschaftlichen Experten ein, die „einwandfrei belegt haben", daß hinter dem Spukfall X die selige Großmutter Y steckte.

Die in diesem Buch favorisierte Deutung ist die fortianische – bei der zwar akzeptiert wird, daß Phänomene erlebbar sind, aber die sofort eine große Skepsis aufkommen läßt, wenn jemand von „Erklärungen" spricht; besonders dann, wenn auf exotische Weise die Alltagswelt mit dem Wunderland gekreuzt werden soll. Spricht ein etablierter Wissenschaftler davon, daß Drachen nichts anderes seien als optische Täuschungen, lächelt der Fortianer; erklärt der Esoteriker, es handle sich um Monstren aus Parallelwelten, lacht er laut auf. Festgestellt werden kann nur, daß Drachen gesehen werden, daß das, was an Erscheinungen berichtet wird, immer den Erwartungen der Zeit und der Kultur des Zeugen entspricht – „der herrschenden Mode" in Forts Worten. Wenn man sich mit Berichten von Phänomenen beschäftigt – die Erscheinungen selbst sind ja nicht zugänglich –, kann eine deutliche Tradition verfolgt werden, die zeigt, wie etwa Drachen sich über die Jahrtausende hinweg verändert haben: von bösen Naturgeistern über brutale Drachenbestien zu überlebenden Dinosauriern und heute zu übergroßen Fischen. All diesen Drachen sind gleiche Eigenschaften gemein, sie sind für Zeugen und Erklärer im jeweiligen Gewand glaubhaft; und sie sind weder zu fangen, noch zu fotografieren.

Fast alles Material über seltsame Lebewesen, unbekannte Naturerscheinungen und Indizien für das Vorhandensein einer paranormalen Welt stammt aus meinem Archiv, auch wenn ich den Hinweis auf einige Fälle Kollegen verdanke. Einige dieser Kollegen geben Zeitschriften heraus, in denen ich Artikel zu den hier vorgestellten Phänomenen veröffentlicht habe, andere, die teilweise weitaus mehr Erfahrung mit paranormalen Phänomenen haben, hatten die Geduld und die Zeit, meine Thesen mit mir zu diskutieren oder mich mit anderen Kollegen bekannt zu machen. All ihnen soll herzlich gedankt werden. Es sind vor allem (in alphabetischer Reihenfolge): Janet und Colin Bord aus Wales, Mark Chorvinsky aus Maryland, Paul Devereux aus Cornwall, Josef Garcia aus Offenburg, die Mitglieder der *International Fortean Organization* aus Virginia, Hans-Werner Peiniger von der *Gesellschaft zur Erforschung des UFO-Phänomens* in Lüdenscheid, Bob Rickard aus London, Herausgeber der *Fortean Times* und einer der besten Erforscher des Wunderlandes, Werner Walter aus Mannheim vom *Centralen Erforschungsnetz Außergewöhnlicher Phänomene* und Bob Warth von der *Society for the Investigation of the Unexplained* in New Jersey. Wer Appetit auf außergewöhnliche Erscheinungen und ihre Deutungen abseits der von Sensationsautoren breitgetretenen Wege hat, kann in den von ihnen herausgegebenen Zeitschriften (siehe Anhang) Neues finden.

1. Unentdeckte Lebewesen

Seejungfrauen und Wassermänner

Vom Mummelsee, einem Karsee im Nordschwarzwald an der Hornisgrinde, wußte Hans Jakob Christoffel von Grimmelshausen in seinem 1669 veröffentlichten *Simplicissimus* „allerhand seltsame Historien" zu berichten. „Wunderbarliche Spectra von Erd- und Wassermännlein" sollen aus dem See gestiegen sein und mit Menschen gesprochen haben, man munkelte von dinosaurierartigen Drachen, die in der Tiefe des grundlosen Sees hausen sollten. „Einer erzehlte daß auff ein Zeit, da etliche Hirten ihr Vieh bey dem See gehütet, ein brauner Stier herauß gestiegen, welcher sich zu dem andern Rindvieh gesellet, dem aber gleich ein kleines Männlein nachgefolget, ihn wieder zurück in den See zu treiben, er hätte aber nicht pariren wollen, biß ihm das Männlein gewünscht hätte, es solte ihm aller Menschen Leiden ankommen, wenn er nicht wieder zurück kehre! Auff welche Wort er und das Männlein sich wieder in den See begeben hätten. Ein anderer sagte, es sey auff ein Zeit, als der See überfrohren gewesen, ein Baursmann mit seine Ochsen und etlichen Plöchern, darauß man Tihln schneidet, über den See gefahren ohn einigen Schaden, als ihm aber sein Hund nachgekommen, seye das Eiß mit ihm gebrochen und der arme Hund allein hinunder gefallen, und nicht mehr gesehen worden. Noch ein anderer behauptete bey grosser Warheit, es seye ein Schütz auff der Spur deß Wilds bey dem See vorüber gegangen, der hätte auff demselben ein Wassermännlein sitzen sehen, das einen gantzen Schos voll gemüntzte Goldsorten gehabt, und gleichsam damit gespielt hätte; und als er nach demselbigen Feur geben wollen, hätte sich das Männlein geduckt, und diese Stimme hören lassen: Wenn du mich gebetten, deiner Armuth zu hülff zu kommen, so wolte ich dich und die deinige reich genug gemacht haben."[1]

Schon der Name des Mummelsees stammt von der Vorstellung, daß dort ein Wasserungeheuer wohnt – „Muhmen" werden die Nixen im Nibelungenlied genannt. Der Mummelsee ist ein Gewässer, in dem Wasserkobolde leben.

Die von Grimmelshausen gesammelten Geschichten sind nicht die einzigen Berichte über Kobolde, Nixen und Wassermenschen im See. Die Schwarzwälder Volkssage berichtet von dem Seefräulein, das zu spät von einem Tanz zurückkehrte und von ihrem gestrengen Vater gerichtet wurde – an die Oberfläche wallendes Blut zeugte von dem Verbrechen.

Die Wasserwesen galten als hilfsbereit, halfen gerne den Menschen gegen einen geringen Lohn in Form von Nahrung; aber als die Bauern ihre Helfer einmal vergaßen, kamen die Kobolde nicht wieder.

In einer anderen Erzählung wurde eine Hebamme von einem der Seebewohner mit in die Tiefe genommen. Das Wesen trug ein Rattenfell, und eine Treppe aus Alabaster führte zum Seegrund; dort half die Amme der Frau des Wassergeistes bei der Entbindung. Als Lohn erhielt sie ein Bündel Stroh, das sich an Land in Gold verwandelte. Selbst ein Monster, ähnlich dem schottischen Nessie, soll es dort gegeben haben; das Untier, das wie ein Dinosaurier gezeichnet wurde, konnte verjagt werden, indem man „heilige Sachen" ins Wasser warf.

Der See selbst soll unheimlich sein, grundlos: Wenn man Steine hineinwirft, wird ein Unwetter folgen, Boote werden von einer geheimnisvollen Kraft unter Wasser gezogen – der Mummelsee als Vorläufer des Bermudadreiecks?[2]

Verschiedene Eigenarten der Wassermänner, die in diesen Märchen angesprochen werden, wiederholen sich, ein wenig gewandelt, bis heute: Diese Wesen mischen sich gerne unter die Menschen, sie tanzen, sie „entführen" Menschen, verfügen über magische Kräfte und sind zur Hilfe bereit, benötigen aber selbst, vor allem wenn ihre Frauen gebären, menschliche Hilfe. All das sind Elemente, die in den Sagen und Augenzeugenberichten, die von Wassergeistern erzählen, immer wiederkehren. 1973 wurde die Amerikanerin Betty Andreasson-Luca in Ashburnham, Massachusetts, USA, von fremdartigen Wesen entführt, die von ihr verlangten, sie solle einer Frau bei der Niederkunft helfen. Diesmal waren die Wesen keine Nixen, sondern Außerirdische, und der Autor, der den Vorfall beschreibt, fabuliert lustig drauf los und vermutet, Fremde aus dem All würden die Menschheit genetisch manipulieren.[3] Vor einigen Jahrhunderten brauchten Nixen menschliche Hebammen, heute sind es Außerirdische, die uns für diese Dienste in Anspruch nehmen.

Bevor wir aber zu glauben anfangen, daß Weltraumwesen eine Kolonie unter Schwarzwaldgewässern angelegt haben, sollten die außerirdische Interpretation dieser Erfahrungen angezweifelt und die Schritte verfolgt werden, die von der Nixe zum Weltraummmenschen führen. Die mittelalterliche Sage geht davon aus, daß Kobolde, also auch Wassergeister, nur problemlos für Nachkommenschaft sorgen können, wenn sie sich einer menschlichen Leihmutter bedienen. Werden ihre eigenen Koboldfrauen schwanger, dann verläuft die Geburt äußerst schmerzvoll und kann nur von einer irdischen Hebamme betreut werden. Selbst wenn die Geburt gut überstanden ist, bleibt das Koboldkind so häßlich und dumm, daß es die Mütter sehr gerne gegen irdische Babys eintauschen – die Koboldkinder sind „Wechselbälger".

Im slowenischen Laibach erzählt man sich, daß am ersten Sonntag im Juli 1547 Tanz im Dorfe war, und der Wassermann, der im Fluß Laibach wohnte, hatte Lust, bei dem bunten Treiben mitzutun. Als plötzlich ein sehr schöner Mann vor Ursula Schäferin erschien und sie zum Tanzen aufforderte, da war ihr der Mann mit der „weichen und kalten Hand" zwar unheimlich, doch drehte sie sich mit ihm zur Musik, bis er sie mit sich in den Fluß zog.[4]

Man kann in einer solchen Sage den erhobenen Zeigefinger der Mutter spüren, die ihre Tochter warnt, sich nicht vorschnell mit Fremden einzulassen, doch ist hinter der Angst vor Vergewaltigung auch die Anziehung deutlich, die von dem schönen Unbekannten ausgeht. Heute fürchten sich Amerikanerinnen davor, von Außerirdischen eingefangen und geschwängert zu werden.[5]

In der Beichte erzählte eine Amme ihrem Pfarrer in Breulieb bei Saalfeld im Jahre 1630, was ihr die Mutter einer Hebamme unter vier Augen anvertraut hatte: Eines Tages klopfte ein Mann an der Tür und bat sie um ihre Hilfe. Es war schon dunkel, doch der Mann verband ihr die Augen und führte sie zu einem See. Dort schlug er mit einer Rute aufs Wasser. Dann ging es „immer tiefer herunter", bis die beiden in einer Stube ankamen. Die Hebamme half dort der Frau des Wassermannes, ihr Kind zu gebären. Es war eine menschliche Frau, die der feuchte Kerl entführt und geschwängert hatte, doch offensichtlich war er mit dem Ergebnis seines „genetischen Experimentes" nicht einverstanden, denn am dritten Tag fraß er sein eigenes Kind auf.[6]

Die alten überlieferten Geschichten haben moderne Varianten: Viele Menschen glauben heute, Ufos seien Raumschiffe Außerirdischer, seien Lebenszeichen aus anderen, kalten Welten. Wie kann man sich diesen Geschichten nähern? Die Seejungfrauen und Meermänner der Sagen und Märchen haben viele Wurzeln: Sie sind die Geister des Wassers, wie Erdmännlein und Zwerge die Geister der Erde und Sylphen die Geister der Luft sind; diese Kobolde selbst sind – möglicherweise – verzerrte und vom Christentum zum Aberglauben degradierte heidnische Götter; sie entsprechen aber auch der Vorstellung, nach der eine Welt unter Wasser oder über den Wolken als Spiegelbild der irdischen existiert: mit Seepferden, Seehunden, See-Elefanten, Seesternen und Seemönchen, See-Engeln, Seebischöfen und Meermenschen.

Solche rein gedanklichen Konzepte können zwar den Weg in den Glauben der Völker und in ihre Folklore finden, besonders wenn sie, wie die kidnappenden und vergewaltigenden Naturgeister, bestimmte Urängste ansprechen, doch sind viele der Sagen datiert, örtlich bestimmt und somit zumindest quasi-dokumentarisch. Gewöhnliche verwilderte Menschen, die sich an ein Leben beim Wasser gewöhnt hatten, könnten der Ursprung einiger dokumentierter Sichtungen von Meermenschen und Seejungfrauen sein.

1403 soll nach einem Sturm eine Seejungfrau durch einen Riß im Deich bei der westfriesischen Stadt Edam an Land gespült worden sein, die von den freundlichen Bewohnern der Stadt adoptiert, bekleidet und bekehrt wurde. Als fromme Katholikin lernte sie spinnen und lebte ein durchaus menschliches Leben. Der holländische Calvinist Valentijn, der Berichte über Seejungfrauen in den holländischen Kolonien sammelte, mißbilligte zwar die Konversion zum Katholizismus, fügte aber hinzu, daß das „in keiner Weise gegen die Echtheit der Geschichte spreche".

Der englische Gelehrte John Swan überliefert dieselbe Begebenheit in seinem Werk *Speculum Mundi* 1635: „Als die Seejungfrau nicht mehr ins Meer zurückfand, weil der gebrochene Deich sofort wieder verstopft worden war, entdeckten sie einige Frauen und ihre Dienerinnen, die auf den Wiesen dort ihre Kühe melken wollten. Erst fürchteten sie sich sehr; aber als sie sie dann mehrmals beobachtet hatten, entschlossen sie sich, sie mit nach Hause zu nehmen. Einmal im Hause, ließ sich die Seejungfrau ankleiden und lebte von Brot, Milch und Fleisch. Immer wieder versuchte sie, sich heimlich ins Meer zurückzustehlen, aber da sie sorgsam bewacht wurde, gelang es ihr nie. So lernte sie schließlich zu spinnen und andere weibliche Arbeiten zu verrichten. Zu Anfang mußte man sie vor allem von dem Seemoos reinigen, das sie überall bedeckte. Eines Tages wurde sie dann aus Edam fortgebracht und dann in Harlem gefangengehalten. Dort gehorchte sie ihrer Herrin aufs Wort und kniete auch, wie man sie lehrte, vor dem Kreuz nieder. Aber sie sprach niemals und führte ihr stummes Leben, wie einige sagen, 15 Jahre lang; dann starb sie." Sie wurde auf dem Friedhof christlich begraben.[7]

Ähnlich mag der Fall bei dem Wassermann vom ungarischen Königssee gelegen haben, den Heinrich von Kleist (1777–1811) in den *Berliner Abendblättern* im Jahre 1811 berichtete. Die Geschichte hatte er aus diversen naturwissenschaftlichen Büchern der Zeit entnommen und unter Verwendung von Zeitungsberichten überarbeitet.

„In der Wiener Zeitung vom 30. Juli 1803", schreibt Kleist, „wird erzählt, daß die Fischereipächter des Königsees in Ungarn mehrmals schon, bei ihrem Geschäft, eine Art nackten, wie sie sagten, vierfüßigen Geschöpfs bemerkt hatten, ohne daß sie unterscheiden konnten, von welcher Gattung es sei, indem es schnell, sobald jemand sich zeigte, vom Ufer ins Wasser lief und verschwand. Die Fischer lauerten endlich so lange, bis sie das vermeintliche Thier, im Frühling des Jahrs 1776, mit ihren ausgesetzten Netzen fiengen. Als sie nun desselben habhaft waren, sahen sie mit Erstaunen, daß es ein Mensch war. Sie schafften ihn sogleich nach Capuvar zu dem fürstlichen Verwalter. Dieser machte eine Anzeige davon an die fürstliche Direction, von welcher der Befehl ergieng, den Wassermann gut zu verwahren und ihn einem Trabanten zur Aufsicht zu übergeben. Derselbe mochte damals etwa 17 Jahr alt sein, seine Bildung war kräftig und wohlgestaltet, bloß die Hände und Füße waren krumm, weil er kroch; zwischen den Zehen und Fingern befand sich ein zartes, entenartiges Häutchen, er konnte, wie jedes Wasserthier, schwimmen, und der größte Theil des Körpers war mit Schuppen bedeckt.

Man lehrte ihn gehen, und gab ihm anfangs nur rohe Fische und Krebse zur Nahrung, die er mit dem größten Appetit verzehrte: auch füllte man einen großen Bottig mit Wasser an, in dem er sich mit großen Freudenbezeugungen badete. Die Kleider waren ihm öfters zur Last und er warf sie weg, bis er sich nach und nach daran gewöhnte. An gekochte, grüne Mehl- und Fleischspeisen hat man ihn nie recht gewöhnen können, denn sein Magen vertrug sie nicht; er lernte auch reden, und sprach schon viele Worte aus, arbeitete fleißig, war gehorsam und zahm. Allein nach einer Zeit von drei Vierteljahren, wo man ihn nicht mehr so streng beobachtete, gieng er aus dem Schlosse über die Brücke, sah den mit Wasser angefüllten Schloßgraben, sprang mit seinen Kleidern hinein und verschwand. Man traf sogleich alle Anstalten, um ihn wieder zu fangen, allein alles Nachsuchen war vergebens, und ob man ihn schon nach der Zeit, besonders nach dem Bau des Kanals durch den Königssee, im Jahre 1803, wieder gesehen hat, so hat man seiner doch nie wieder habhaft werden können."

Kleist bemerkt, der Vorfall werfe „Licht über manche, bisher für fabelhaft gehaltene, See-Erscheinungen, die man Sirenen nannte."[8]

Die vielen hundert dokumentarisch belegten Begegnungen mit Seemenschen (die auch heute noch gemeldet werden) können allerdings so simpel und realistisch nicht gedeutet werden. Vor allem wenn ganz deutlich fischartige Unterleibe gesehen wurden, kann ein „Wilder" kaum die Erklärung sein.

Die Nixe, die sich vom 15. bis zum 17. Oktober 1615 in der Lahn bei Marburg aufhielt und für das erste Tierschutzgesetz der deutschen Geschichte sorgte, kann – zumindest in naturalistischen Begriffen – nicht erklärt werden. Die schlangenartige Gestalt, deren Körper dünn und „vom Wasser gebildet" war, zeigte bei ihrer Bewegung „Empfindung". Drohte Gefahr, sank der vielfarbige Körper in die Tiefe. „Sie bedeute nichts Böses, sagte man damals, und schade niemand; drum möge man sie ungestört auf ihre Weise ihr Wesen treiben lassen; wer sie beunruhige, werde dafür büßen müssen."[9]

Dunklere Töne schlägt Johann Justus Winkelmann in seiner 1697 in Bremen erschienenen *Beschreibung der Fürstentümer Hessen und Hersfeld* an. Sein Bericht erinnert daran, daß Nixen früher das Symbol für destruktive Wasserkräfte waren – die Ertrunkenen, so glaubte man, seien von bösen Wassergeistern ersäuft und gefressen worden. Das mag auf die heidnische Vorstellung zurückgehen, einen Fluß als Gott zu betrachten, der wie alle Götter für seine Leistungen (das Bewässern der Felder) Opfer verlangt. Wurden diese nicht gebracht, bediente er sich selbst, zog Vieh und Menschen zu sich auf den Grund des Wassers.

„Was sich im Jahr 1615 zu Marburg bei St. Elisabethen-Kirche", schreibt Winkelmann zum Abschluß seiner Version der Sage, „in der Löhn für ein Wundertier hat sehen lassen, das besieh in Olaus Worms ‚Monumenta Danica'. Auch weiß man aus langer Erfahrung, daß die Löhn gemeiniglich alle Jahr jemanden zu sich raffet". Heute sind unsere Flüsse, Bäche und Seen nicht nur durch die Verschmutzung für Wundertiere aller Art unbewohnbar geworden: Mit dem wissenden Lächeln des aufgeklärten Menschen halten wir für Märchen, was unsere Vorfahren über Nixen in unseren Flüssen erzählten. Für unsere Vorfahren waren die Seen andere Welten, wo auch die Seelen der Ungeborenen lebten und unter deren trügerischer Oberfläche Drachen, Monstren, Hexen und Wassermänner wohnen konnten. Heute übernimmt der Weltraum die Rolle des großen mysteriösen Ortes, aus dem unerklärliche Phänomene sich bis zu uns ausbreiten können. Die Science Fiction-Autoren und Ufo-Zeugen besiedeln ihn mit einer großen Zahl grotesker und menschenähnlicher Lebewesen, und viele der modernen Begegnungen mit Weltraumpiloten sind nichts anderes als technologisch verbrämte Sagen: Die moderne Sage von der Entführung und Schwängerung durch Außerirdische enthält alle Elemente der alten Geschichten von Wassermännern; die Nixen und Meermänner kehren in fliegenden Untertassen zu uns zurück, weil sie unter Wasser nicht mehr wohnen können – um zu überleben, paßt sich die Sage den veränderten Umweltbedingungen an.

Im Juli 1984 beobachteten mehrere Personen ein seifenblasenartiges Ufo, das über einem Getreidefeld bei Nördling schwebte. Frau Josepha R. und ihre Tochter Marianne bemerkten das Objekt zuerst in einiger Entfernung. Es wies eine Art Tentakel auf und wirkte wie ein Schwan. „Als ich es zuerst sah", erklärte eine der Zeuginnen, „schaute das Objekt wie eine Kugel aus, mit irgend etwas obendrauf, welches sich langsam herumdrehte wie der Nacken eines Schwans." Die Form des Objektes veränderte sich konstant. Als das Ding, das zuerst gegen 10.30 Uhr aufgetaucht war, gegen Mittag immer noch zu sehen war, rief Frau R. ihren Mann und beide fuhren mit dem Traktor an das seltsame Objekt heran. Aus circa 350 Metern Entfernung erkannten sie eine silbrige Kugel mit einem Durchmesser von etwa zwei Metern. Während Herr R. ängstlich den Ort verließ, beobachtete Frau R. das Ufo, das 60 bis 100 Meter entfernt an ihr vorbeizog. Als sie dem Objekt am nahesten war, öffnete sich im oberen Teil eine Blende, hinter der „zwei fremde Kreaturen" sichtbar wurden. Die Wesen sahen wie Fische aus, hatten jedoch eine aufrechte Gestalt und führten „wackelnde Bewegungen" mit Armen und Köpfen aus.

„Sie waren definitiv fischartige Wesen", gab Frau R. zu Protokoll, „und sie handelten wie Eskimos, die versuchen, einander einen ‚Nasenkuß' zu geben." Nach ungefähr 30 Sekunden schloß sich die Blende wieder. Auf der Kugel konnte die Zeugin Schriftzeichen erkennen, in roter und grüner Farbe. Dann verschwand das Objekt in Richtung Nördling. Niemand sonst im Dorf oder in der Umgebung hatte etwas Eigenartiges bemerkt, aber für das Ufo selbst gibt es drei Zeugen: das Ehepaar R. und eine seiner Töchter. Die beiden Mensch-Fische hat jedoch nur Frau R. beobachtet.[10]

Man kann das Objekt, wie es die deutsche Ufo-Forschungsgruppe CENAP (Centrales Erforschungsnetz außergewöhnlicher Himmelsphänomene) getan hat, als Ballon identifizieren, denn auch die Hauptzeugin spricht von einem „ballonartigen" Ufo. Doch was ist mit den Fischwesen?

In Volkssagen vermischt sich häufig das Motiv der Schwanen- und der Seejungfrau, und auch die Sirenen waren ursprünglich nur Frauen mit Schwanenflügeln. Beide Motive, nun verknüpft mit der modernen Sage vom Ufo, in einem komplexen Beobachtungsbericht zu finden, verblüfft und fordert die Phantasie heraus. Selbst wenn der „Auslöser" der Ufo-Sichtung ein Ballon war, muß doch die Zeugin selbst das Erlebnis bei der Wiedergabe ausgefeilt und verändert haben – und das nicht im negativen Sinne; die eigene Erfahrung in eine bekannte Erzählung einzuarbeiten, liegt auch vielen traditionellen Sagen zugrunde.

Frau R. ist nicht die einzige Zeugin, die in Mitteleuropa „Wassermänner" in Raumschiffen erblickt hat. Im Mai 1976 war Dominique Menuge spät nachts mit dem Auto in Nordwestfrankreich unterwegs. Als er zwischen 21 und 21.30 Uhr an einer Straßenkreuzung zwischen Matton und L'Etang du Banel ankam, sah er plötzlich im Licht seiner Scheinwerfer 50 „kleine Froschmenschen", die sich auf einem Feld neben der Straße befanden. Sie standen aufrecht und bewegungslos neben einem Bach. Einige sahen Menuge an, andere konnte er im Profil erkennen. Sie waren grün und trugen keine Kleidung. Ihre langen Arme hingen bis zu den mutmaßlichen Knien herunter. Sie hatten Schwimmhäute zwischen den Fingern und Entenfüße, ihre Beine jedoch wirkten normal. Sie schienen eine Maske oder einen Helm zu tragen, unter denen nur gewaltige Augen hervorlugten, die einen Durchmesser von rund zehn Zentimetern hatten. Die Durchschnittsgröße betrug 1,15 Meter. Daher wirkten sie nicht schlank, eher aufgeschwemmt; sie standen unbetroffen beisammen, schienen den Zeugen zu ignorieren. Weder trugen sie etwas, noch reagierten sie auf ihre plötzliche Entdekkung. Der Zeuge vermutete zuerst ein Ufo in der Nähe, konnte aber nichts erkennen außer der Horde Wassermänner, die im Dunklen ungerührt am Straßenrand verharrten.

Geschockt stieß Menuge mit dem Wagen zurück, dabei beobachtete er ein weiteres Männchen am anderen Straßenrand. Das Wesen befand sich nur ein paar Meter entfernt, regungslos wie seine Artgenossen. Menuge fuhr zu seinem Bruder, dem er sich anvertraute. Über Umwege gelangte die Geschichte zu dem französischen Ufo-Forscher M. Spingler, der den Fall untersuchte.[11] Zusammen mit der Polizei stellte er fest, daß die Gruppe von Männchen keine Spuren hinterlassen hatte und daß die Scheinwerfer des Autos von dort, wo es gestanden haben sollte, kaum die Gegend ausreichend beleuchtet hätten.

Bevor man beginnt, einen Zusammenhang mit Ufos zu suchen – wie das der Herausgeber der englischen *Flying Saucer Review* tut –, sollte man zuerst einen möglichen Schwindel ausschalten. Es ist erstaunlich, wie oft das Motiv des Wassermanns im Ufo auftaucht, obwohl andere Typen von angeblichen Außerirdischen weitaus bekannter sind.

Fast identische Wesen von der Art, die so zahlreich in Frankreich beschrieben worden waren, sah Lothar Schäfler am 24. Februar 1977 in Langenargen am Bodensee. Schäfler war mit mehreren Freunden gegen zwei Uhr nachts unterwegs, als die Gruppe von „gleißend-hellen Lichtern" erschreckt wurde, die über sie hinwegjagten. Dieser Teil der Beobachtung ist bestätigt: In jenem Moment verglühte ein Meteor über Deutschland, und das helle Licht wurde von den Zeugen als Ufo gedeutet. Gegen 2.30 Uhr glaubten die Männer, das Ufo sei zurückgekehrt, denn es schien ganz nieder über der Gaststätte zu stehen, in der sie sich aufhielten. Die Zeugen sahen mehrere Objekte, deren Entfernung sie auf 150 und deren Höhe über dem Boden sie auf 50 bis 60 Meter schätzten. Diese anderen Ufos könnten

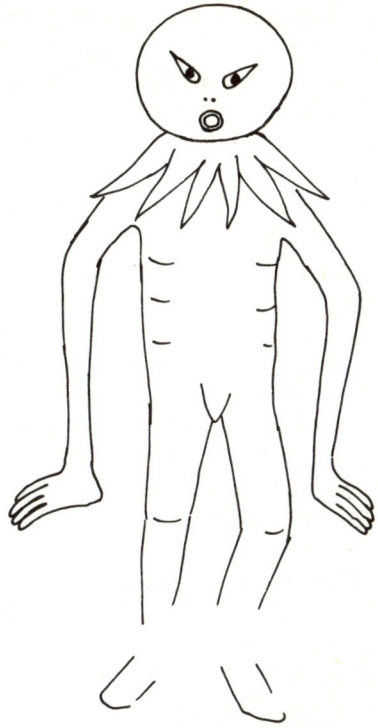

Abb. 1: So sollen die beiden Wesen ausgesehen haben, die bei Langenargen am Bodensee gesichtet wurden.

helle Sterne gewesen sein, die die Zeugen nach ihrer ersten Verwechslung bei ihrer Suche nach dem Ufo tief am Horizont sahen. Als die Lichter verlöschten, ging Lothar Schäfler alleine nach Hause. Plötzlich schien es ihm, als sei eines der Ufos erneut zurückgekommen. Er bekam es mit der Angst zu tun, hörte dann „einen kurzen Pfiff", und „wie aus dem Nichts gezaubert standen zwei fremdartige Wesen dicht hinter ihm". Sie waren zwischen 1,10 und 1,30 Meter hoch, hatten einen menschenähnlichen Körper und auffallend lange Arme, die bis zu den Knien herunterhingen. Ihre Finger wirkten verkrampft, die Haut war hell. Ihr Kopf erschien kahl und völlig rund. Die Augen waren schlitzartig und schräg nach oben gestellt. Ihr Mund wirkte wie eine vollkommen runde Öffnung. Sie hatten zudem eine Halskrause mit sechs oder sieben hellgrünen „Sternenzacken" – wie ein Harlekin und wie Kermit, der Frosch aus der Muppets-Show.

„Ich hab' die Leut' angeschaut, und die haben mich angeschaut", erinnerte sich Schäfler, „und dann hab' ich einfach durchgedreht." Er sprang gegen eine Glashaustür, um den Wesen zu entkommen, und verletzte sich dabei. Als die Hausbewohner und die Polizei erschienen, waren die Froschmännlein bereits verschwunden.

Unter Hypnose fügte Schäfler noch einige Details hinzu: „Die zwei Wesen haben etwas geschwankt. Ich hab' das Gefühl gehabt, daß sie zwei oder drei Zentimeter über dem Boden geschwebt sind. Ich sehe keine Ohren. Der Kopf ist für die Körpergröße relativ groß. Der runde Mund macht Bewegungen, wie wenn ein Fisch nach Luft schnappt, so ungefähr. Da ist eine kleine Nase. Ich sehe Löcher, aber ganz klein. Die Augen sind Schlitzaugen, und in der Mitte sind sie doch groß." Die Augen hatten Pupillen, die Schäfler durchdringend anstarrten. Wie in den vorangegangenen Fällen sprachen die Wassermänner nicht mit dem Zeugen. „Die Hände haben Finger. Aber es ist nicht so wie bei uns. Das sind Finger wie Flossen, die sind zusammen und ganz kurz, aber ganz lange Arme. Keine Fingernägel. Es sind vier Finger."

Wie immer, wenn ein Zeuge ein Ufo und dessen vermeintliche Piloten gesehen haben will, wurde auch hier versucht, unter Hypnose eine erfolgte „Entführung" aufzudecken. „Wo kommen Sie hin? Kommen Sie näher an das Flugobjekt ran? Was ist los? Raus damit!", insistiert der Hypnotiseur, bis auch der Zeuge, wie in all diesen Fällen, das Gefühl hat, an der Entführung könnte etwas Wahres sein.

„Waren Sie in dem Flugobjekt drin?"

„Nein, das glaube ich nicht . . ."

„Haben Sie das Gefühl, da drin gewesen zu sein?"

„Ich war weg vom Boden, das Gefühl habe ich gehabt."

„Sie waren weg vom Boden, wo waren Sie?"

„Weg vom Boden, ich weiß nicht ..."

Meermänner entführten einstmals unsere Vorfahren. Sie tun es noch heute, doch jetzt kommen sie nicht im Rattenfell, sondern in fliegenden Untertassen. In amerikanischen Fällen glaubten Frauen, von Außerirdischen entführt und geschwängert worden zu sein, andere waren als irdische Hebammen im Raumschiff. Die Motive und die Inhalte haben sich nicht geändert, allein das Vokabular der Berichte ist zeitgemäß, so daß die Begegnungen glaubhaft bleiben.[12]

Feuerdrachen

Viele ungewöhnliche meteorologische Phänomene, die heutige Augenzeugen als Ufos und fliegende Untertassen bezeichnen würden, schilderten die Menschen des Mittelalters und der frühen Neuzeit in ihren Chroniken und Flugschriften als fliegende Drachen. Wie Ufo-Erscheinungen sind auch Sichtungen von Feuerdrachen ein multikausales Phänomen, das heißt, die als Feuerdrachen gedeuteten Erscheinungen konnten vielfältige Ursachen haben, wurden aber unter einem Begriff beschrieben.

Eine kolorierte Flugschrift aus dem Jahre 1543 zeigt einen klassischen Drachen mit fledermausähnlichen Flügeln und reptilienartigem Körper, der mit seinem Feuerhauch am 4. Mai ein Haferfeld bei Baden versengte.[1] Der Drache, so die sensationelle zeitgenössische Darstellung, sei ein Symbol des Bösen, der Tyrannei, und dort, wo das Untier gelandet sei, befände sich für alle sichtbar ein verbrannter Fleck auf dem Acker. Es ist aus dem zeitlichen Abstand von viereinhalb Jahrhunderten schwer zu beurteilen, was damals in dem kleinen badischen Dörfchen geschehen ist, aber ein Kugelblitz, der Fall eines Meteoriten oder ein Blitzeinschlag sind denkbare Erklärungen für das beschriebene Phänomen.

Der Schweizer Geschichtsschreiber Leopold Cysat, Neffe von Renward Cysat, berichtete in seiner 1611 erschienenen *Beschreibung des berühmten Lucerner oder Vier-Waldstätter Sees*

Abb. 2: Der Drache verliert den Luzerner „Drachenstein". Illustration aus der „Beschreibung des berühmten Lucerner oder Vier-Waldstätter Sees" von Leopold Cysat, 1611.

von einem Rechtsstreit, der 1509 in Luzern ausgetragen wurde. Zwei Bürger stritten sich um die Besitzrechte an einem „Drachenstein", den ein fliegender Drache, den Cysat in einem Stich als langhalsiges, feuerspeiendes Monstrum mit Vogelschwingen, Löwentatzen und Krokodilschwanz abbildet, über der Stadt fallengelassen habe. Der Aberglaube, daß sich im Kopf von Drachen und Schlangen besondere Steine oder Kristalle befänden, die Ruhm, Reichtum und Glück versprachen, war sicherlich der Grund dafür, daß die beiden vor Gericht zogen. Was aber war der Drachenstein? Ein Kristall, der entsprechend dem Aberglauben gedeutet wurde, um seinen Wert zu steigern? Oder vielleicht ein echter Meteor, dessen Feuerschweif von Zeugen beobachtet und für einen Drachen gehalten wurde? Wie so oft bei diesen jahrhundertealten Geschichten ist eine eindeutige Erklärung unmöglich. Wir wissen: Man fand Steine am Boden und hielt sie für Absonderungen von fliegenden, feuerspeienden Ungeheuern.[2]

Der Glaube an diese Unwesen hielt sich erstaunlich lange. Als die Gelehrten der Renaissance begannen, die Natur zu beobachten und ihre Beobachtungen zu ordnen, tauchten in den naturkundlichen Büchern nicht nur genaue Steckbriefe von Höhlen- und Wasserdrachen, von riesigen Eidechsen und fledermausflügelbewehrten Flugdrachen auf, auch der Feuerdrache war darin beschrieben.

Einer der großen frühen Naturwissenschaftler war der Jesuitenpater Athanasius Kircher (1602–1680). In seinem 1664 erschienenen Werk *Mundus Subterraneus* – „Die unterirdische Welt" – sammelte er zahlreiche Augenzeugenberichte und stellte, ganz wie die Zoologen von heute, die Ungeheuersichtungen untersuchen, fest, daß es mehrere Arten von Drachen alleine in der Schweiz in der Umgebung von Luzern gab. Eine besonders berüchtigte Drachenbrutstätte war der Berg Pilatus.

Christoph Scherer, ein Schweizer Kantonsvorsteher, beobachtete 1619 offenbar einen Meteor, den er seinem Freund Kircher meldete. Seine Beschreibung gibt genau wieder, was am Himmel zu sehen war – allerdings mit dem Vokabular eines Menschen, der fest an Drachen glaubt: „Ich war auf dem Balkon geblieben, um die vollkommene Klarheit des Firmaments zu betrachten. Ich sah einen feurigen Drachen aus einer Höhle des Pilatusberges aufsteigen und nach Flüelen auf der anderen Seite des Vierwaldstätter Sees fliegen. Er war von enormer Größe, sein Schwanz war riesig, und er trug den Hals ausgestreckt ... Während er flog, gab er unzählige Funken von sich ... Zuerst dachte ich, ich würde einen Meteor sehen, aber ich betrachtete ihn genauer und seine Flugweise überzeugte mich ..., daß ich einen wahrhaftigen Drachen sah."[3]

Heutige Anhänger des Glaubens an fliegende Untertassen aus dem Weltraum haben sich dieser Sichtung angenommen, und sie erklärten, daß der Zeuge damals in Wirklichkeit ein Raumschiff aus dem All gesehen hätte.

Mit der Verbreitung der Naturwissenschaften in der Neuzeit wurden allmählich die Naturerscheinungen, die man zuvor für Drachen gehalten hatte, zu Wasserhosen, Wirbelwinden, Kugelblitzen, Meteoren, Meteoriten und Nordlichtern. Der Glaube an fliegende Feuerdrachen verschwand im 18. Jahrhundert weitgehend. Man sprach nun vom „Meteor", wobei dieses Wort noch in der ursprünglichen Bedeutung gedacht war, die sich in dem Begriff „Meteorologie" erhalten hat. Meteore waren alle Phänomene innerhalb der Atmosphäre, also Regen, Blitze, Hagel und Schnee. Die zur Erde fallenden Stein- und Eisenbrocken, die der Begriff Meteor heute bezeichnet, hielt man entweder für irdische, vom Blitz getroffene Steine oder für Konglomerationen aus Dünsten der Luft, die, zu schwer geworden, auf die Erde herabfielen. So deutete es noch Goethe (1749–1832), und erst der deutsche Forscher Chladni (1756–1827) konnte zu Beginn des 19. Jahrhunderts nachweisen, daß Meteore tatsächlich aus dem Weltraum stammten.

In einem 1810 in Weimar verfaßten Gedicht beschreibt Goethe seine Meteoritenthese:

> Durchsichtig erscheint die Luft so rein
> Und trägt im Busen Stahl und Stein.
> Entzündet werden sie sich begegnen;
> Da wirds Metall und Steine regnen.
>
> Denn was das Feuer lebendig erfaßt,
> Bleibt nicht immer Urform und Erdenlast.
> Verflüchtigt wird es und unsichtbar,
> Eilt hinaus, wo erst sein Anfang war.
>
> Und so kommt wieder zur Erde herab,
> Dem die Erde den Ursprung gab.[4]

So wußten sich bereits unsere Vorfahren im Besitz der wissenschaftlichen Erkenntnis, die dem Aberglauben ihrer Vorfahren so weit überlegen war! Fast gönnerhaft beschreibt der Verfasser des ersten großen deutschen Lexikons, des von 1732 bis 1754 in 64 Bänden erschienenen *Großen vollständigen Universallexicons aller Wissenschaften und Künste*, Johann Heinrich Zedler (1706–1763), was man in der Aufklärung über fliegende Drachen zu wissen glaubte, und vergleicht mit den Irrlehren der Vergangenheit: „Drache, der fliegende Drache, Draco volans ist ein feuriges Lufft-Zeichen in der gestalt eines Drachens, welches wie andere dergleichen feurige Meteora erzeuget wird. Alle diese entstehen von denen Ausduenstungen von verschiedener Art, welche, nachdem sie leicht verbrennlich sind, sich jaehling entzuenden und einen Blitz formiren, woferne aber nicht genug verbrennliche Materie zu einer jaehlingen Deflagration vorhanden, sondern noch andere Duenste concurrieren, so die Deflagration aufhalten, so entstehet dadurch eine langsam brennende oder vielmehr leuchtende Materie, deren Schein wir in der Lufft wahrnehmen. Gleichwie nun dergleichen Daempffe eine ungefehre Figur in der Lufft zusammen formiren, so entstehen auch verschiedene Erscheinungen von dergleichen Meteoris, als Stern-Schnuppen, springende Ziegen, fliegende Drachen und so ferner, als welchen man dergleichen Namen um deßwillen beygeleget, weil sie nach der Einbildung derer Menschen die Figur von dergleichen Sachen gehabt haben sollen. Der gemeine Mann haelt ihn aus Aberglauben vor einen dienstbaren Geist derer Zauberer, der ihnen allerhand Vorrath zutragen soll."[5]

Wenn jetzt fliegende Drachen gesehen wurden, galten sie als erstaunliches Naturphänomen. Der Name blieb, doch die Berichte wurden sachlicher, und nur noch kleine Details verraten, daß die Erklärung dieser Erscheinung einmal eine ganz andere gewesen war.

Ein Meteor, der im 17. Jahrhundert in der Pfalz beobachtet wurde, wird in einer Mixtur aus Erinnerung an den Aberglauben und Stolz auf die neuen Kenntnisse im lutherischen Kirchenbuch der Gemeinde Rhodt unter Rietburg festgehalten: „Den 5. Decembris (Anno 1682) nach mittag um 3 Uhr hat es einen sehr hellen Blitz getohn und ist dabei ein sehr langer feueriger Strohm gesehen worden, der gegen das gebürg gezogen, hat einen rauch hinderlassen, der sich in etwan wie ein schlang gekrümmet, gegen den Rhein gefahren und bald verschwunden. Darauf hat es wiewohl weiters zu donnern angefangen, doch nur einmahl. Diesen Strohm hat man auch zu Worms und viel anderen ohrten gesehen, und in dem Westerrich solls sehr hart gedonnert haben. Die es von anfang gesehen, sagten, es sei gantz rund wie eine grose Kugel gewäsen und einsmahls lohsgegangen, drauf der Strohm erschienen."[6]

Da das Gebirge westlich, der Rhein aber östlich von Rhodt liegt, muß der Meteor tatsächlich „eine Schlangenlinie" geflogen sein. Wahrscheinlicher ist allerdings, daß es sich bei diesem eigentümlichen Flugmanöver um einen Beobachtungsfehler handelt. Wie bereits Zedler in seinem *Universal-Lexicon* feststellte, glaubte nur noch der „einfache Mann" an Feuerdrachen. Alte Bücher und Chroniken überliefern uns die Meinung der gebildeten Oberschicht, die Sagen und Legenden dagegen häufig die Ängste und Vorstellungen der einfachen Leute.

Noch um 1840 soll ein Bursche aus Sesterbach bei Leienkaul im Rheinland auf einen Feuerdrachen getroffen sein. Die Folgen, die diese tragische Begegnung hatte, erinnern an die moderne Folklore um angebliche Strahlenschäden nach nahen Begegnungen mit fliegenden Untertassen und zeigen erneut, wie diese modernen Berichte im Grunde nur die Motive und Vorstellungen der alten Sagen übernehmen und neu interpretieren, damit sie in einer technischen Umwelt glaubhaft werden.

„Ein Bursche mit Namen Weiß", schreibt der große deutsche Folkloreforscher Paul Zaunert 1924, „war einmal auf dem Heimwege und hatte bereits die Jorschheck, eine Höhe dort, erreicht, es war im Dunkelwerden, da kam ein feuriges Ungetüm durch die Luft heran. Ausweichen konnte er nicht mehr, ein brennender Schmerz fuhr ihm durch die Glieder, der Drache hat ihm schreckliche Brandwunden beigebracht, dagegen war kein Kraut gewachsen, und er mußte sterben."[7]

Das erinnert an die hypothetischen Erdlichter, die der britische Ufo-Forscher Paul Devereux entdeckt haben will: Kugeln aus Energie, die über Verwerfungszonen entstehen und die das Gehirn des Zeugen so beeinflussen können, daß dieser Halluzinationen erlebt (eine These, die sicher viele der fremdartigeren Ufo-Sichtungen erklären könnte). Kommt man dem Feuerball zu nahe, muß man an Verbrennungen sterben, vermutet Devereux, und er führt als Beleg den Glauben einiger Eingeborenenstämme an, die diese „Erdlichter" „Seelenfresser" nennen. Falls Devereux recht hat, dann könnte es sich bei dem zitierten Bericht um ein tatsächliches Ereignis und nicht um eine Sage handeln.

Der letzte deutsche Bericht ist fiktiv, basiert möglicherweise aber auf „echten" britischen Beobachtungen. Die esoterische Zeitschrift *Occult Review* veröffentlichte im Dezember 1917 einen Beitrag, der berichtete, immer wieder seien britische Piloten in ihren Doppeldeckern in großer Höhe auf drachenartige Lebewesen gestoßen. Ein Pilot habe im Ersten Weltkrieg „ein eigentümlich gefärbtes Drachentier gesehen, das offensichtlich in der Luft schwebte und sich ihm äußerst rapide näherte". Im April 1918 tischte die *Occult Review* eine weitere Geschichte auf: Bereits 1909 sei ein französischer Luftfahrer mit seiner fliegenden Kiste auf einen „fast durchscheinenden, wolkenartigen Drachen" gestoßen. Das Vieh sei „grün und sehr groß" gewesen.

Diese Geschichten erinnern an die Fiktionen des Sherlock-Holmes-Erfinders Sir Arthur Conan Doyle, der bereits im November 1913 in einer Kurzgeschichte in der populären Zeitschrift *The Strand* solche Begegnungen geschildert hatte – möglicherweise angeregt durch eine frühe Fliegerfolklore, die Halluzinationen unter Atemnot in der großen Höhe mythisch ausschmückte, um damit Bekannte zu erstaunen. In Doyles Erzählung wird der Absturz eines Flugzeuges untersucht. Der Held entdeckt dabei, daß mehrere Piloten in den Höhen des Himmels auf schreckliche Ungeheuer gestoßen sind – eines dieser Ungeheuer muß auch am Tode des Fliegers schuld gewesen sein. Interessanterweise gibt Doyles Held drei Gebiete in Europa an, in denen das Fliegen gefährlich sei, weil dort Drachen hausen: 30000 Fuß über Pau-Biarritz in Frankreich, über Wiltshire in England und – über Homburg und Wiesbaden in Deutschland! Die Lokalisierungen mögen erdacht sein oder auf alten Zeitungsberichten beruhen. „Ob diese Erzählungen nun fiktiv sind oder nicht", stellt Nigel Watson[8] in seiner Analyse der modernen Drachenbeobachtungen fest, „sie zeigen, daß die Menschen zu Beginn des 20. Jahrhunderts den Himmel noch für ein feindliches Element hielten, einen Ort, an dem es Monster geben konnte." Ganz, so möchte man hinzufügen, wie ihre Vorfahren im Mittelalter und wie wir heute, die wir das All mit fremdartigen Gestalten bevölkern.

Seedrachen und Wasserschlangen

Der griechische Schriftsteller Pausanias war weit gereist, hatte Griechenland, Rom, Syrien, Palästina und Ägypten besucht, aber als er zwischen 160 und 180 n. Chr. seine *Beschreibung Griechenlands* verfaßte, da dankte er den Göttern für die Friedfertigkeit des heimischen Tierlebens: „In den griechischen Flüssen", notiert er im 4. Buch seines Werkes, „gibt es keine dieser mörderischen Fische, die den Indus und den Nil, aber auch den Rhein, die Donau, den Euphrat und den Phasis verseuchen. Tatsächlich findet man in diesen Flüssen Ungeheuer, die lüstern sind auf Menschenfleisch und die größer und schwärzer sind als der Wels im Mäanderfluß, obwohl sie eine vergleichbare Form haben. Vor diesen Ungeheuern muß man sich in Griechenland nicht in acht nehmen."[1]

Seeungeheuer in Donau und Rhein? Was sich unwahrscheinlich anhört, war einst sehr gefürchtet. Die Seeschlange der Donau machte noch 1750 Schlagzeilen. Vor rund 240 Jahren meldete das britische *The Gentlemen's Magazine* einen „außergewöhnlichen Unfall". Am 22. Juli 1750 hatte sich ein Mann in den Kopf gesetzt, in der Donau bei Linz in Oberösterreich zum tiefsten Punkt zu tauchen. „Als er nach einiger Zeit nicht wieder hochkam, warfen seine Kameraden ihre Netze nach ihm aus. Nach vielen vergeblichen Versuchen brachten sie letztlich doch seinen Körper nach oben, von dem ein Arm und ein Bein sich in einem verrotteten Baumstamm gefangen hatten. Als sie daran gingen, den Körper aus den Maschen zu lösen, um ihn ins Boot zu legen, erblickten ihre Augen eine Schlange von gewaltigen Ausmaßen, die sich an seine linke Brust geheftet hatte. Sie erschraken darüber so sehr, daß sie aufschrien; da ließ das Ungeheuer von seiner Beute und warf sich, nachdem es sie in furchterregender Weise angezischt hatte, in den Fluß zurück."[2]

Nessie in Österreich? Es sind viele naturalistische Erklärungen denkbar: Es könnte sich um einen großen Flußaal gehandelt haben, ein Neunauge oder um eine optische Täuschung, bei der

Abb. 3: Darstellung eines Seeteufels in einem Holzschnitt um 1580.

eine schleimige Baumwurzel mit einem Ungeheuer verwechselt wurde. Der Ursprung der Flußungeheuer geht auf die alten heidnischen Flußgötter zurück, die jährlich ein Opfer forderten – oder es sich holten, indem sie jemanden ertränkten. Man schrieb die Ertrunkenen im Volksbrauch lange einem unbekannten Seeungeheuer zu – vielleicht auch in diesem Falle.

Häufig wurden große Störe für ungeheuere Wesen gehalten. Im Mai 1936 herrschte Panik im Dorfe Körschiak bei Philippopel in Bulgarien. Im Maritzfluß war ein Seeungeheuer gesichtet worden. Wild peitschte es mit seiner Schwanzflosse das Wasser zu Schaum, und eine Gruppe tapferer Männer aus dem Dorf bewaffnete sich mit Messern und Stöcken, um das Monstrum zu beseitigen. Von einer Seite stürzten sich die Männer in den Fluß, von der anderen kamen die Fischer in ihren Nachen. „Nach einer halben Stunde war es den vereinten Kräften der Männer gelungen, das wild um sich schlagende Seeungeheuer in einem Netz an Land zu ziehen. Hier machte man die erstaunliche Feststellung, daß es sich um einen riesigen Stör handelte, der eine Länge von fast drei Metern und ein Gewicht von 100 Kilogramm aufwies."[3]

In der Donau haben sich Ungeheuer vielfältiger Art verborgen, und auch der Rhein ist nicht immer so friedlich gewesen wie heute. Neben Sagen, die von Drachen im Rhein bei Rheingönheim in der Nähe von Ludwigshafen und bei Worms berichten, ist ein Vorfall interessant, der sich im September 1688 ereignet haben soll: „Ein wunderliches Wasser-Thier", berichtet ein Kölner Chronist, „ist den Rhein hinauffkommen anno 1688 im September, von mir und vielen hundert Menschen gesehen worden, die Stadt Coellen und Kurfürst. Residenz Bonn mit großem Gebrüll und Bautzen passiert biss Strassbourg und Basel zu hinauff gegen den Strohm so stark und geschwind als ein Pferd lauffen können." Wenig später sichtet und beschreibt ein Bonner Augenzeuge die „Meerkuh": „Die Erscheinung eines so seltsamen Wunderthiers, die auf dem Wasser entstandenen Ungestüme deren Wellen, das Geräusch zweyer aus seiner Stirne hervorquellenden Wassergüssen, so auf dem Rheinfluß bemerkt wurden, zog schier die gantze Stadt auf das Rheinufer, um dieses Unthier sehen zu mögen. Der auf dem Bollwerk stehende Schildwacht that zwaren verschiedene Schüsse auf selbiges, aber vergebens, das Wasser-Thier setzte seinen Weg den Strohm hinaus unerschrocken fort."[4]

Auch in Basel wurde das Untier bemerkt: „Mitte des November 1688 liesse sich im Rhein zu jedermanns Verwunderung und Entsetzen ein erschreckliches Meerwunder sehen. Es war an Grösse und Farbe einem schwarzen Pferd gleich, mit langen Ohren und einem breiten Schweif, den es ganz aufrecht in der Luft truge, und hatte darbey einen gar grossen Kopf; etliche hielten es für ein Meer-Pferd, andere aber für ein Monstrum oder Meer-Wunder, welches alles das Unglück, welches die Pfaltz und Rhein-Länder betroffen, vermutlich angedeutet. Es ging in der größten Geschwindigkeit den Rhein hinauf an Bonn, Cölln, Coblenz, Bacharach, Bingen ... und bis nach Basel, und erschreckte mit seiner ungewöhnlichen Gestalt und Grösse alle Einwohner, sonderlich mit seinem gewaltigen Brausen, und ob man wohl verschiedene Schüss nach ihm gethan, hat es doch selbige so wenig geachtet, als wenn man ein paar Bohnen nach ihm geworffen hätte."[5] Vielleicht hat es sich um einen Wal gehandelt, der, wie sein Nachfahre im Mai und Juni 1966, den Rhein entlang geschwommen ist. Doch das Wasserungeheuer, selbst wenn es ein uns heute bekanntes Tier war, bedeutete damals mehr als ein Kuriosum; wie der Zeuge vermerkt, könnte es die Zerstörung der Pfalz durch die Franzosen angekündigt haben, so wie andere Monstren den Tod für den bedeuten, der sie sieht.

Die Mosel, die in den Rhein mündet, beherbergte ein bedrohliches Wesen, das es zu besänftigen galt. Bis 1769 feierte man am 23. April, dem Tag des heiligen Georgs, in Metz das Fest des Drachen Graouilli, der als Modell durch die Straße getragen wurde. Jeder Bäcker mußte dem vorbeiziehenden Drachenmodell ein Brötchen an die Zunge spießen – ein ritualisiertes, unblutiges Opfer für den Drachen, der nach der Ansicht der Menschen in der Mosel lebte.[6] Solche Drachenmodelle gibt es überall in Europa, die bekanntesten sind „Snap", der Drache von Norwich, „Tarasque", das Ungeheuer von Tarascon in Frankreich, und der feuerspeiende Drache von Furth im Wald in Deutschland. Bei Mehring ist die Mosel besonders trügerisch: „Die Fischer fürchten diese Stelle, weil es da nicht geheuer ist und der Nachen wie von unsichtbarer Hand in die Tiefe gezogen wird. Hier hat die Mosel schon manches Opfer gefordert. Und riesenhafte Schlangen hat man zur Nachtzeit gesehen, die schwammen im Wasser und verstrickten sich im Fischernetz."[7]

Ungeheuer in Seen

In der Renaissance verschwand allmählich der Glaube an Monster als Omen und Gotteszeichen, der in den Beschreibungen des Rheindrachen noch deutlich war. Drachen wurden als gewöhnliche Bestandteile der Tierwelt gesehen, die man wie andere Tiere auch klassifizieren konnte. War der Kampf mit dem Drachen im Mittelalter noch die heroische Tat eines feudalen Helden oder ein Attribut eines Heiligen, so konnte die Bezwingung des Ungeheuers, seine Unterordnung unter ein wissenschaftliches System, nun auch die Leistung eines Zoologen sein. Andererseits bewirkte die Demystifizierung der Drachenvorstellung, daß der zum gewöhnlichen Tier degradierte Lindwurm noch weiter „rationalisiert" wurde – zum übergroßen Fisch: Aus dem bösen Omen wurde ein Forschungsobjekt.

Das war ein langsamer Prozeß, der gegen Ende des Mittelalters einsetzte und erst im 19. Jahrhundert ein Ende fand – um gleich von einer neuen Entwicklung abgelöst zu werden: der Umdeutung der kuriosen Riesenfische zu überlebenden Sauriern als Argument entweder für oder gegen die Darwinsche Deszendenztheorie.

Als Sebastian Münster (1488–1552) 1544 die Maare der Eifel beschrieb, gab er auch einen Überblick über die vielen Sagen, die sich um diese eigentümlichen Seen ranken und große Ähnlichkeit mit den Erzählungen vom Mummelsee im Schwarzwald haben. Vom Laacher See und Ulmener Maar sagt Münster, sie seien „nahmhaftige Seen" und „sehr tief". Sie „haben keinen Zufluß, aber viele Ausflüß und sind sehr fischreich. Im Maar zu Ulme ist ein Fisch, wie den viele gesehen haben, auf 30 Schuh lang, und ein anderer auf 12 Schuh lang; die haben Hechtsgestalt. Und so sie sich sehen lassen, stirbt gewißlich ein Ganerb des Hauses Uelmen, es sei Mann oder Frau; ist oft bewährt und erfunden."

Der Aberglaube, das Auftauchen eines Seeungeheuers bedeute den Tod eines Königs oder Mitgliedes einer Familie, ist auch aus Schottland bekannt, wo das Erscheinen des Monsters von Loch Morar den Tod eines MacDonnell anzeigt. Hier sind wir wieder auf der Spur eines frühen Totemismus, der einen Clan mit einem Totemtier in Zusammenhang bringt. Münster schreibt, daß die Maare untereinander in Verbindung stehen und führt an, man habe einmal einem Hecht im Laacher See eine Schelle angehängt, die dann im Ulmener Maar gefunden wurde. Auch dieses Motiv ist von anderen Seen her bekannt: So sollen Bodensee und Vettersee in Schweden in Verbindung stehen, ebenso Loch Ness und die Nordsee. Wenn nun all die Erzählungen von unterirdischen Gängen und von Familienmonstern nichts weiter sind als europaweit verbreitete Sagenmotive, dann muß erwogen werden, daß es sich auch bei den modernen Seedrachen in Schottland, Irland und Skandinavien nur um durch Sichtungen konkretisierte Folklore handelt.[8]

Eigentümliche Himmelsgeräusche, die manchmal über Seen wahrgenommen werden, sind als Stimmen von Seeungeheuern gedeutet worden. Die Volkssage hat dazu die Erklärung geschaffen, ein Monster lebe auf dem Boden der betreffenden Seen. Wie ein Tatsachenbericht liest sich diese Sage in Zedlers Lexikon: „Es ist in dem Crakauischen Striche eine sehr grosse See, welche man deßwegen, daß die bösen Geister allda gewohnet, und das Wasser unsicher gemacht, nicht zum Fischfange gebrauchen können. Als aber im Jahr 1578 dieselbe im Winter zugefrohren, haben einige umliegende Nachbarn, mit Zuziehung etlicher Geistlichen, welche Fahnen, Creutze und andere Heiligthümer, damit den bösen Geistern Widerstand zu thun, und sie zu verteiben gemeynet, mit sich getragen, in derselben See zu fischen sich versammelt. Da sie aber das Netz ausgeworffen, haben sie im ersten Zug drey kleine Fischlein bekommen, im anderen aber das Netz aufgewickelt erhalten, und im dritten endlich ein greuliches Monstrum und Ungeheuer mit einem Ziegenkopffe gefangen, dessen Augen wie Feuer gebrannt und gefunckelt. Als sie drüber alle erschrocken und davon gelauffen, ist das Gespenste unter das Eys gefahren, die gantze See durchlaufen, und ein greuliches Lermen und Gethöne auf dem Wasser von sich gegeben."[9] Eine Sage, die ein Naturphänomen erklärt und gleichzeitig, weil zeitgemäß, zum Teufelswerk degradiert.

Während diese Geschichten nicht beweisen, daß Ungeheuer existieren (wollte man hier deuten, käme ein großer Wels als Erklärung in Frage), zeigen sie doch, daß man in Seen immer Wesen vermutete, die man erst von Göttern zu Teufeln erniedrigte, um sie dann – als große Fische – zu naturalisieren, bis man sie letztendlich als überlebende Dinosaurier betrachtete. Heute sieht man keine Nessies mehr in deutschen Seen, aber wenn es stimmt, daß Ungeheuer die Grenze zwischen Zivilisation und Natur, zwischen Bekanntem und Bedrohlichem markieren, müßten sie ja in die Randgebiete Europas verdrängt worden sein – eben nach Schottland, Irland, Island und Norwegen.

Früher lebten diese neuzeitlichen Dinosaurier auch bei uns – ein Drache, der den Belchensee im Elsaß bewohnte und der große Fluten verursacht haben soll, wurde 1304 getötet.[10] Zwei große Drachen, die im Mummelsee im Schwarzwald hausten,

Abb. 4: Der Schwarzwälder Mummelsee mit zwei getöteten Drachen. Kupferstich aus dem 1664 erschienenen Werk „Mundus Subterraneus" von Athanasius Kircher.

wurden im 16. Jahrhundert erschlagen und in Kupfer gestochen – das Bild zeigt zwei erbärmliche Dinosaurier, die mit dem Bauch nach oben wie aufgeblasene Luftmatratzen treiben.[11]

Der verbreitete Glaube an in früheren Zeiten besiegte Seemonster führte dazu, daß überall in Europa Drachenrelikte ge- und erfunden wurden. Fossile Knochen galten als Drachenreste, in vielen Kirchen wurden Lanzen ausgestellt, die von einem Duell mit einem Lindwurm stammten – und manchmal wurden die Beweisstücke erst im nachhinein geschaffen.

Ein Beispiel unter vielen ist das Ungeheuer vom Kaiserslauterner Kaiserswoog. Die Chronik berichtet: „Am 6. November 1497 wurde ein gar merkwürdiger, aber auch kostbarer Fang gemacht. Man erbeutete einen Hecht, der 19 Schuh lang war und 360 Pfund wog. Um den Hals trug der Fisch einen kupfernen und vergoldeten Ring aus kleinen Kettchen mit eingesetzten Buchstaben. Kurfürst Philip in Heidelberg freute sich gewiß, als man ihm das Prachtexemplar überbrachte. Der Ring wanderte in die kurfürstliche Schatzkammer, wo lange Zeit zu lesen stand: ‚Dieses ist die Form des Ringes oder Kettleins, so der Hecht an seinem Halse 267 Jahre getragen hatte.'" Und wie lautete die Inschrift? Sie war in griechischer Sprache abgefaßt und wurde ins Deutsche von Bischof Johannes von Worms übertragen: „Ich bin der Fisch, so am ersten unter allen in den See getan worden durch des Kaisers Friedrich des Anderen Händ den 5. Weimonat im Jahre 1230." Das vollkommene Skelett des Riesenhechtes, der, wie schon die Ungeheuerhechte in den Eifelmaaren, mit einem Herrscherhaus verknüpft war, soll bis ins 19. Jahrhundert in der Mannheimer Jesuitenkirche aufbewahrt worden sein. Dort soll es „ein berühmter deutscher Anatom" untersucht haben, der feststellte, daß es aus den Skeletten mehrerer Hechte zusammengebastelt worden war.[12] Sechs Meter lange Hechte in Maaren und Teichen, die im Wasser treibenden Baumstämmen ähneln, werden zu Monstern, wie sie heute in Loch Ness gesichtet werden.

Die Schweizer Drachenplage

Wenn es je eine europäische Region gab, die unter einer wahrhaftigen Drachenplage zu leiden hatte, dann ist das die Deutschschweiz gewesen. Profitiert die Tourismusindustrie heute in Schottland und Irland von den dort ansässigen Drachen, so zeigten sich die Schweizer Exemplare der frühen Neuzeit stets sehr destruktiv – und außer den Wasserdrachen gab es noch den Tatzelwurm.

Verschiedene Luzerner Bürger sollen nach den Aufzeichnungen der Petermann Etterlin-Chroniken und der Schriften Diebold Schillings 1468 einen Drachen gesehen haben, der aus dem Vierwaldstätter See kam und die Reuss hinunterschwamm. „Ein großer Drachenwurm schwamm in die anschwellende Reuss und unter der Brücke durch. Niemand konnte seine Länge oder Größe bestimmen."[13] Die Erzählung geht vielleicht auf eine außergewöhnliche Überschwemmung der Reuss zurück, denn Darstellungen des 15. Jahrhunderts zeigen, wie die Reussbrücke mit Holzpalisaden gegen weitere Fluten abgeschirmt wurde:

Die dem Fluß innewohnenden Zerstörungskräfte bedrohten die Stadt.

Ein ähnlicher Vorfall – vielleicht auch derselbe – ist am 26. Mai 1499 in Etterlins Chronik vermerkt; in Schradins Reimchronik vom Schwabenkrieg wird das Ereignis, das auch Grimmelshausen im *Ewigwährenden Kalender* aufführt, mit folgenden Knittelversen überliefert:

> „vff den xxj tag meyen ist beschechen
> zu Lutzern, hat man ein seltsam ding gesehen,
> ein wurm, sin hals ward geacht zwei klaffter lang,
> sich vß dem sew durch die Rüßbrügk schwang.
> sin houpt mit breiten oren, gestalt eins kalb,
> vnd die grosse des libß allenthalb
> ouch einem kalb ze glichen vnd ze schetzen,
> daby hab ich die welt horen schwetzen,
> des wurms lengy sy xj klaffter gewesen.“[14]

Das sind, bei einem Klafter zwischen 1,7 und 2,5 Metern, immerhin um die 20 Meter! 1480 war eine große Schlange in der Aare aufgetaucht, in die die Reuss mündet. Renward Cysat (1545–1614), der Luzerner Chronist, der uns zahlreiche Meldungen über Drachen, Seegeister und Kobolde überliefert hat, berichtet, daß „eine große Flut im Lande war. Die Leute sahen eine große Schlange mit vier Füßen, die aus der Aare stieg und den Berg herabkam, von Zoffingen nach Ryckern.“[15] Auch bei den deutschen Alpenseen nahm man an, ein monströser Fisch oder Drache auf ihrem Grund könnte Flutkatastrophen verursachen, und im katholischen Luzern, das mitten im calvinistischen Umland lag, glaubte man noch viel später, daß vom Satan verführte Hexen und Zauberer mit magischen Riten die Seen über der Stadt überquellen ließen, um Luzern zu schaden. Diese Zauberer ritten zu ihren Zusammenkünften auf fliegenden Drachen.

1566 wurde wieder ein Wasserdrache in der Reuss gesehen. Renward Cysats Aufzeichnungen bringen erneut das Erscheinen des Drachen mit einer Überflutung Luzerns in Zusammenhang: „1566, nach einem Sommer mit nie zuvor erlebten großen

Überschwemmungen, wurde wieder eine große Schlange in der Reuss bei Bremgarten gesehen. Nachts verließ sie den Fluß, betrat die Alpenhänge und riß Kälber in Stück."[16] Bremgarten liegt zwischen dem Vierwaldstätter See und der Mündung der Reuss in die Aare, und so verbindet dieser Bericht die zuvor isolierten Sichtungen in beiden Flüssen. Jacob Huber, der die Schlange sah, hielt sie zuerst für einen riesigen Lachs und warf seine Harpune nach ihr, ohne sie jedoch zu verletzen. Das verärgerte Ungeheuer stürzte sich aus dem Fluß auf Huber: Er sprang, nun selbst erschrocken, aus dem Boot und rannte nach Hause – dort starb er sechs Wochen später. Hier sind die Kräfte des Höllendrachen wirksam, vergleichbar den heutigen Begegnungen mit fliegenden Untertassen, die „Strahlenschäden" verursachen.

Drachen konnten nicht nur Fluten erzeugen und aus Seen in Flüsse und wieder zurück wandern, häufig legten sie auch kurze Strecken über Land zurück, um Kälber, Schafe oder Menschen zu fressen. Noch heute wird von gelegentlichen Landgängen des Ungeheuers von Loch Ness berichtet. Das Monster vom Rotsee, über das Renward Cysat berichtet, war ebenfalls amphibisch: „Im Jahre 1599 entdeckte man die Anwesenheit einer äußerst langen Schlange im Rotsee, denn sie hinterließ dort Spuren. Sie führte in der Gegend zu großem Erschrecken, ich selbst befragte glaubwürdige Zeugen mit folgendem Ergebnis: Man sah sie um einen Fels im See geringelt, und eine weitere Schlange sprang ins Wasser. Andere folgten ihren Spuren bis zum Hofe Vogelsang, und ihre Spuren waren so breit wie die eines Wagens. Die Spuren waren spiralförmig, wie von einer sich ringelnden Schlange, und vollkommen schleimig. Die Spuren führten zum See und endeten dort, daraus folgerten wir, daß sich die Schlange in den See stürzte. Einige Zeit hatte die Schlange in einer dunklen Höhle am Seeufer verbracht, dort entdeckten die Leute die Reste von Fischen, die sie verschlungen hatte."[17]

Wie stark der Einfluß solcher Volkserzählungen auf die kollektive Wahrnehmung ist, zeigt eine Pressemeldung von 1991, in der die gleiche Volkssage in Sibirien angesiedelt ist: In der

Nähe von Scharipowo erschien in einem See ein Ungeheuer, das einem treibenden Baumstamm glich, alle Frösche und Fische in dem Gewässer verschlang und an Land Spuren „wie ein Schlitten" hinterließ.[18] Das heißt: Noch heute werden vage Wahrnehmungen in die von der Tradition festgelegte Form gebracht.

Diebold Schilling berichtet von einem weiteren Monstrum im Schweizer Zoogsee (Zuger See?) am 29. Juli 1509, „zur Zeit des Papstes Julius und des Kaisers Maximilian. Ein großer Fisch tauchte bei Axt (Arth?) auf, der seit uralten Zeiten anzeigte, wenn immer etwas wichtiges wie ein Krieg, ein Tod oder Schaden fürs Leben bevorstand. Viele Leute verglichen seine Form mit der eines Karpfens, aber er hatte die Größe eines Bootes mit Eichenplanken. Er taucht nur vor wichtigen und vielsagenden Ereignissen auf."[19]

Diese „Tatsachenberichte", die den heutigen Berichten vom Ungeheuer von Loch Ness entsprechen, lassen erkennen, wie der Seegeist im Wasserdrachen Gestalt annimmt. Er kann den Feudalherrscher bedrohen und wird, als heidnischer Gott, von der Kirche verteufelt; gleichzeitig aber ergreift die aufkeimende Wissenschaft Besitz von ihm, indem sie das mythische Bild dem bereits erforschten anpaßt und den Seegeist mit „einem Karpfen" oder „einem Hecht" vergleicht.

Ein Beispiel für den Wandel der Glaubensvorstellungen kennt man vom Seelisberger See in Uri in der Schweiz, der seit dem Mittelalter als Wohnung böser Geister und später von Seemonstren galt. Das Ungeheuer dort heißt Elbst, ein Wort, das vom althochdeutschen Albiz, der Schwan, stammt. „Der Elbst", berichtet das *Handwörterbuch des deutschen Aberglaubens,* „erscheint als moosbewachsener Baumstamm (als ‚Sargholz') oder als treibende Insel auf der Seeoberfläche und zieht Unvorsichtige in die Tiefe; bei Mondschein liegt er als Schlange rings um den See, steigt auch in Gestalt eines Drachens bzw. einer Schlange mit Krallen nachts an Land und würgt das Vieh, zeigt sich auch ... als Fisch, verfolgt Neckende in Gestalt eines Feuerrades."[20] Renward Cysat ist der erste Berichterstatter, der auf die Schweizer Nessie eingeht. „Zwei Stunden von Uri entfernt", schreibt er, „befindet sich ein Bergsee, in dem jüngst

1585 bei gutem Wetter zwei Gespenster von verschiedener Gestalt gesehen wurden, die müßig herumschwammen. Sie verwandelten sich, das eine in einen treibenden Baumstamm, das andere in einen Heuhaufen. Als sich die Zeugen näherten, verschwanden beide Objekte. Die Einwohner glaubten, es handele sich um böse Vorzeichen."[21]

Nessie wird noch immer als treibender Baumstamm beobachtet, doch in letzter Zeit hat die Zahl der überlebenden Dinosaurier, die sich in schwimmende Heuhaufen verwandeln, beträchtlich abgenommen. Doch zu dieser Zeit war der Elbst noch längst nicht zum richtigen Seedrachen geworden, er blieb noch in seiner alten Form als Seegeist erhalten. Renward Cysats Neffe Leopold, der 1611 ebenfalls über den Elbst berichtete, denkt wie sein Onkel noch an einen Dämon im Wasser; er vergleicht ihn mit der biblischen Geschichte der Schweineherde, in die Jesus am See Genezareth die Dämonen eines Besessenen treibt und die sich darauf selbst ersäuft: „Mehrere Jahre lang hat man in diesem See rare und wundersame Dinge beobachtet, nämlich haben Leute, durch das klare Wasser auf dem Grunde des Sees eine Herde Schweine gesehen, die sich im Augenblick umformten und sich von innen nach außen stülpten wie Kälber, denen man die Haut abzieht."

Aus diesen Dämonen, die sich in guter biblischer Gesellschaft befanden – war doch Pilatus in den gleichnamigen Berg bei Luzern, der von Drachen bewohnt wurde, verbannt worden –, machten die Folkloreforscher des 19. Jahrhunderts, von Darwin und dem Aufschwung der Naturwissenschaften beflügelt, veritable unbekannte Tiere. Die biblischen Dämonen werden so zu einer Metapher, zu einem reinen „es sah aus wie ...".

1853 berichtete ein Zeuge, er habe den Elbst gesehen, der nun plötzlich, in der Tradition der Naturforscher der Renaissance, nur noch „ein großer Fisch" war, der „einer roten Sau glich". Die Geisterwelt wird entmythologisiert und konkretisiert, aus dem Mythos, der Fluten für die einfachen Leute verständlich macht, ist eine Quasi-Tatsache geworden: Der Dämon wurde zu einer unbekannten Lebensform reduziert, die von der Wissenschaft entdeckt und klassifiziert werden muß. Diese Metamorphose ist 1854 abgeschlossen, als der Folklorist C. Kohl-rusch plötzlich „ein Ungeheuer" im Seelisberger See beschreibt. Seine Worte wurden vom *Handwörterbuch des deutschen Aberglaubens* größtenteils paraphrasiert. Jetzt sind in der volks-kundlichen Form – wie in der modernen Kryptozoologie, der Wissenschaft von den Ungeheuern – „schwimmende Insel" und „treibender Baumstamm" Vergleiche, die die Zeugen wählen, um den über das Wasser ragenden Rücken eines vorsintflutli-chen Ungeheuers zu beschreiben; im Vordergrund stehen nicht mehr die Tricks, die ein alter dämonischer Drache wählte, um Menschen zu täuschen, damit er sie besser packen und ver-schlingen konnte. Doch die Flutdrachen der Volkssage sind bei Kohlrusch in die Erzählung integriert: Am Ufer des Seelisber-ger Sees, sagt er, fände man die Kadaver von Kälbern, was offenbar beweise, daß der Seedrache sein Heim verließe, um unter den Haustieren zu räubern.[22]

Seeschlangen wurden durch das Werk des holländischen Zoo-logen Dr. Antoon Cornelis Oudemans (1858–1943) zu Anfang des 20. Jahrhunderts respektabel, Biologen schrieben gelehrte Abhandlungen über Seeschlangen, ihre Arten und Unterarten und ihre möglichen Beziehungen zu den Drachen der Sagen. Als Josef Müller 1926 am Seelisberger See weilte, um Berichte über den Elbst zu sammeln, fand er fünf Augenzeugenberichte aus der Zeit von 1914 bis 1926, die alle die nun traditionell gewordene Seeschlange in der Form eines überlebenden Dino-sauriers beschrieben.[23]

Das letzte Schweizer Seeungeheuer im Vierwaldstätter See erschien 1976. Der Fernsehmoderator Kurt Felix ließ ein Nes-sie-Modell anfertigen und ferngesteuert im Urner See, einem Arm des Vierwaldstätter Sees, schwimmen. 1976 konnte man nicht mehr an Seegespenster glauben, aber auch längst nicht mehr an unentdeckte Saurier in Alpenseen – die neue Inkarna-tion des Wasserdrachen mußte daher als Scherz auftauchen. Felix hatte das 15 Meter lange „Ungeheuer" bereits zwei Wo-chen auf dem See schwimmen lassen, doch es kam keine Reak-tion der Touristen, die offenbar zu verschämt waren, ein Unge-heuer zu melden, obwohl sie es gesehen hatten. Felix beauftragte zwei Mitarbeiter, als harmlose Urlauber getarnt, den Plastik-drachen bei seinem nächsten geplanten Auftauchen am 25. August 1976 zu fotografieren. Kaum taten sie es, machte „Urnie", wie das Vieh in Anlehnung an seine bekanntere schottische Schwester getauft wurde, Schlagzeilen in dem Schweizer Massenblatt *Blick*. Danach wollten 40 Personen vom Seeort Brunnen auch ein 15 Meter langes, drachen- oder nessieähnliches Monster gesehen haben, das mit lautem Brüllen mehrmals auf- und wieder untergetaucht war. Das alles wurde genau berichtet, seltsamerweise haben die meisten Zeugen keinen Verdacht geschöpft, als das Wesen recht untierisch wie eine Sirene brüllte.

Felix erklärte sein Modell im Fernseh-Studio: „In Wirklichkeit ist das Ganze zehn Meter lang, eine Tonne schwer. Sie sehen da diesen beweglichen Hals. Wir haben es unter Wasser durch den Vierwaldstätter See gezogen, vor die Ufer von Brunnen, und zwar an einem ganz langen, 300 Meter langen Seil, und wir konnten das dann im entsprechenden Augenblick anhand dieser Schwimmflügel und mit diesen Lufttanks, die hier unten befestigt sind, auftauchen lassen."

Kaum war bekannt, daß es sich bei dem Seedrachen um einen Scherz gehandelt hatte, schienen mehrere Leute blamiert, die zwischen dem ersten Auftauchen „Urnies" bis zu seiner Enttarnung berichtet hatten, sie wären dem Ungeheuer schon vor August begegnet. Der Motorboot-Weltmeister Josef Ulrich erklärte, er sei bereits im Herbst 1975 einem gleichartigen Monster in der Nähe von Islefen begegnet, zwei deutsche Taucher wollten im Frühjahr 1976 im Urner See einem Saurier begegnet sein, hätten damals aber geschwiegen, um sich nicht lächerlich zu machen.[24]

Der Ursprung der mittelalterlichen und der modernen Wasserungeheuer wird deutlich: Vielfach sind sie nur dunkle Schatten, Schemen und Wellen, die auf der Seeoberfläche erscheinen. Weiß man, daß der See von einem Monster bewohnt wird, wie im Falle des Loch Ness, oder erfährt man, daß in einem Gewässer plötzlich ein Saurier erschienen ist, kann man diese schemenhaften Erfahrungen mit einem bestimmten Namen belegen. Auch können Zeugen frühere nebulöse Erfahrungen, die, wie im Falle „Urnie", über ein Jahr zurückliegen mögen, durch neue Informationen „uminterpretieren" und ihnen somit eine Gestalt geben. Gleichermaßen sahen unsere Vorfahren Drachen nach katastrophalen Überschwemmungen; man wußte allgemein, daß Drachen Fluten verursachen, und so sah man sie in den Wassermassen, so daß das Unvorhergesehene konkretisiert und damit begreifbar wurde.

Die Alpenseen

Die Sagen, die sich um die tiefen deutschen und österreichischen Alpenseen, aber auch um den Bodensee ranken, unterscheiden sich wenig von denen der Schweiz, jedoch wurden die Sagen hier, wo es keine Chronisten gab, nicht in ihrer faktualisierten, quasi-realen Form überliefert, sondern als legendäre Märchen. Wir erfahren vom 200 Meter tiefen bayerischen Walchensee, daß auf seinem Grunde ein Riesenwels hause, der, wenn er „in Zorn gerät, mit einem Hieb seines mächtigen Schwanzes den See über die Ufer drängt und das Land vor den Bergen in eine Sintflut stürzt".[25]

Das Bedürfnis, einen unheimlichen See mit Ungeheuern zu bevölkern, hatten keineswegs nur unsere angeblich um soviel abergläubischeren Ahnen. Als im Juni 1983 im österreichischen Toplitzsee, der wegen seiner modernen Sagen um versenktes Nazi-Gold bekannt ist, eine Expedition einen mehrere Zentimeter langen unbekannten Wurm entdeckte, machte die Sensationspresse daraus ein „sieben Meter langes Ungeheuer".[26]

Nichts anderes war wohl im Jahre 1590 passiert. Die Rolle der heutigen Sensationspresse übernahmen damals billig produzierte und mit grobem Holzstich und gereimtem Text versehene Flugschriften, die, wenn sie nicht von Unkeuschheiten, Kriegen, Kometen und religiöser Unruhe sowie grauenhaften Verbrechen berichteten, ganz gerne mirakulöse Darstellungen von Himmelserscheinungen und Ungeheuern aller Art verbreiteten. Ein 1590 in Augsburg gedrucktes Flugblatt zeigt eine meterlange Schlange mit Vogelkopf und Pfauenfedern über der Stirn, die in einem Sumpf in der Nähe des Bodensees aufgetaucht sein

Abb. 5: Die Seeschlange vom Bodensee bei einem Landausflug nach Konstanz, Holzschnitt aus dem Jahr 1590.

soll. Mit ihrem Schwanzende steckt die Schlange noch in einem Erdloch, und aus Vogelaugen mustert sie zwei gut angezogene Bürger, die sie mehr neugierig als erschrocken betrachten.[27]

Ein weiteres Flugblatt, das 1727 in Augsburg gedruckt wurde, zeigt eine phantasievolle Darstellung eines Seeungeheuers, das von „400 Bauern und ihren 20 Hunden" getötet wurde. Das abgebildete Monster entspricht aber weder einem bekannten, noch einem mutmaßlichen Bewohner des Bodensees, es ist zusammengesetzt aus ikonographischen Klischees der damaligen Zeit. Neben zwei mächtigen beschuppten Fischschwänzen, die am Ende Augen haben, steht es hinten auf Enten- und vorne auf Pferdebeinen, der Kopf ist der eines Schweines mit den Hauern eines Walrosses, dazu hat es einen menschlichen Bart.[28] Der Darstellung liegt offenbar ein Seeungeheuer zugrunde, das der schwedische Bischof Olaus Magnus (1490–1557) bereits 1555 abgebildet hatte: eine Mischung aus Schwein und Fisch, mit großen Stoßzähnen und Augen über den ganzen Körper verteilt. Olaus' Monster symbolisierte die Gefahren der Reformation, war er doch selbst als Katholik von den schwedischen Protestanten aus seiner skandinavischen Heimat vertrieben worden und mußte im Exil in Rom leben. Daß die Darstellung des Monsters geborgt und nicht authentisch ist, findet man auf

Abb. 6: Dieses Seeungeheuer soll 1727 aus dem Bodensee gekommen sein.
Es illustriert die ikonographischen Klischees der damaligen Zeit.

alten Flugschriften häufig; es gibt mehrere Blätter, die von verschiedenen Walstrandungen berichten, aber stets Variationen des gleichen Holzschnittes benutzen.

Es bleiben drei Möglichkeiten für das zweite Auftreten des Bodenseemonsters, das man „Konstie" nennen könnte: ein Schwindel auf Kosten der leichtgläubigen Menge, die das Blatt schließlich kaufen sollte, ein tatsächliches Ereignis, das mit Klischees illustriert wurde (und daher nach 250 Jahren nicht mehr gedeutet werden kann), oder eine symbolische Darstellung, die das angebliche Ungeheuer im Bodensee ein letztes Mal in der Tradition der Omen vor Krieg, Seuche oder Fall eines Herrschers zeigt.

Doch noch im 20. Jahrhundert werden Monster gesichtet.

Vielleicht ist Max Pertl dem Traum aller Ungeheuerforscher zu nahe gekommen, als er im Juni 1991 im Chiemsee ums Leben kam. Pertl war mit einem Boot am 22. Juni um 19 Uhr im Hafen Unterhochstätt losgezogen, um nach Aalen zu angeln. Man entdeckte später sein Boot leer auf dem See treibend, und am Tag darauf bargen Taucher Pertls Leiche aus 20 Metern Tiefe. Ein Sprecher der Polizei Traunstein: „Die Angel war verbogen, der Haken abgerissen. Der Fisch muß so groß und schwer gewesen sein, daß er den Mann über Bord zog."

Da ist es wieder, das Ungeheuer, das die Menschen ertränkt. Doch was in der Schweiz noch ein Riesenfisch und im Walchensee ein großer Wels oder Waller war, ist nun nicht mehr von mythischen, sondern nur noch von enormen Ausmaßen. Gegenüber der deutschen Zeitung *Bild* erklärte der Verhaltensforscher Vitus B. Dröscher, das „Urvieh vom Chiemsee" sei ein drei Meter langer Riesenwels gewesen. „Manchmal gelingt es einem Wels irgendwo im Verborgenen, sich zu einem alten Urvieh, zu einem Ungeheuer zu entwickeln – um dann mit voller Kraft zuzuschlagen."[29]

Für den Riesenwels, der den Angler in die Tiefe zog und das lange fällige 1:1 im Spiel Fische gegen Angler erzielte, gibt es – wenn überhaupt – ebensowenig Beweise wie für den von bösen Zauberern heraufbeschworenen Seegeist, der Überschwemmungen auslöst; doch beide sind – jeweils zu ihrer Zeit – glaubhaft gewesen.

„Moby Dick" und andere moderne Wunder

Die Welsgeschichte vom Chiemsee hatte 1979 einen Vorgänger. Im Zwischenahner Meer bei Oldenburg hatten zwei Wasserpolizisten am 26. April einen großen schleimigen Höcker von dreieinhalb Metern Länge beobachtet, der übers Wasser ragte. Verschiedene Sichtungen folgten, und das Tier, „Deutschlands Nessie", wurde mit dem Scherznamen „Moby Dick" weltweit berühmt – sogar in Bangkok widmeten ihm die Zeitungen Schlagzeilen. Wie auch das nie gesehene Monstrum des Chiemsees wurde „Moby Dick" von der Presse und den Behörden als Riesenwels identifiziert. Als eine Boulevardzeitung eine Prämie auf den Kopf des Ungeheuers aussetzte, waren die Seeufer mit

Anglern überfüllt, die das Geld kassieren wollten. Natürlich galt jede verlorene Schnur, jeder gekrümmte Haken als Werk des Riesenwelses, man begann sogar davon zu reden, das Vieh habe Hunde und Enten gefressen. So wie früher der Drache Ursache jeder Katastrophe am See war, so war auch der Wels an allen Schäden schuld; Beweise brauchte niemand, denn ein Wels von mindestens vier Metern Länge in einem norddeutschen See ist genauso unwahrscheinlich wie ein Dinosaurier. Beamte hatten ihn gesehen, es war eine gute, spannende Geschichte. Das reichte. Als die Zeitungen nach einiger Zeit das Interesse verloren, zogen auch die Scharen der Angler wieder fort – mit leeren Händen. Der Riesenwels wurde weder gefangen noch erneut gesichtet.[30]

Nicht alle modernen Ungeheuersichtungen sind nur folkloristisch. Im August 1983 meldete ein Anrufer der Frankfurter Polizei eine Riesenschlange, die sich im Main herumtreibe. Die Polizei rückte aus und fing eine zwei Meter lange Schlange, die zur Identifikation ins Senckenberg-Museum gebracht wurde. Es wird sich wohl um ein Haustier gehandelt haben, das von seinem Besitzer ausgesetzt wurde.[31]

Hin und wieder gibt es faszinierende kleine, unbestätigte Berichte, die aufregend klingen, aber bei näherem Hinsehen zumeist konventionell erklärt werden können. Zum Beispiel hieß es in einer kurzen Meldung vom Juni 1991, daß im sächsischen Thümmlitzsee bei Grimma zwei Angler „ein etwa 60 Zentimeter langes, wie eine Katze fauchendes Tier" gefangen haben. Es fresse nur rohes Fleisch und werde von Experten des Leipziger Zoos untersucht.[32] Doch das Gros der Seeungeheuerberichte Mitteleuropas folgt dem deutlich gewordenen Muster, das aus anonymen See- und Flußgöttern im Laufe der Christianisierung böse Wassergeister machte, aus denen sich mit Hilfe der Wissenschaft erst biologisch reale Drachen und dann Riesenfische entwickelten.

Die letztere Form haben viele der europäischen Wassermonster noch heute, falls sie nicht nach schottischem Vorbild in überlebende Dinosaurier umgeformt worden sind. Wandelt sich auch das Aussehen und die biologische Zuordnung der

Tiere, so gelten sie dennoch – wie vordem – als unkontrollierbare Wasserbestien, die für den Tod von Tieren und Menschen verantwortlich sind, bis sie von einem Heiligen oder auch nur einem Angler erschlagen werden.

Riesenkatzen und Geisterhunde

In den 60er Jahren hatte die Bäuerin Anna Wimschneider in Bayern ein eigenartiges Erlebnis. Es war Vorfrühling, und sie kam in einer mondhellen Nacht von einer Totenwache nach Hause. „Da hörte ich plötzlich ein Geräusch, als wenn im hohen Laub etwas auf mich zukäme. Es kam von der Scheune hinten, den Stall entlang, rasch näher. Da schaute ich genau hin, was es sei, aber es war nichts, nur das Geräusch war nun schon ganz nahe bei mir, und auf einmal stand ein ganz großes Tier vor mir, so groß, daß es mir fast an die Brust reichte. Ganz unwillkürlich hob ich die Arme, damit ich es nicht berührte. Das Tier war etwa eineinhalb Meter lang und hatte einen Rücken, der gewiß 40 Zentimeter breit war. In der Mitte des Rückens war ein vier bis fünf Zentimeter breiter Streifen, da waren keine Haare. Mit einem lauten röchligen ‚Wrau‘ tat das Tier, als wenn es etwas mit dem Maul anpacken würde. Ich stand bewegungslos da. Da war nun wieder dieses Geräusch, als wenn im tiefen, trockenen Laub etwas liefe, aber nun entfernte es sich, und das Tier vor mir war im Augenblick verschwunden ... Da standen mir die Haare zu Berg, und ich erschrak ganz furchtbar." Just zu der Zeit soll in der Nähe ein Mann gestorben sein.[1]

Dieses Erlebnis mag im ersten Moment nur bizarr klingen, aber es steht in einer Tradition, die aus der Antike stammt. Sie ist in den meisten Gegenden Deutschlands ausgestorben, offenbar aber in verschiedenen ländlichen Regionen noch lebendig: die Vorstellung, in schwarzen Hunden und Katzen könnten sich die Geister Verstorbener verkörpern. Dieser Glaube mag aus uralten Zeiten stammen, als einzelne Familien noch ein Totem-Tier hatten, und er findet sich noch bis in die frühe Neuzeit in der Überzeugung, Hexen hielten sich schwarze Katzen als

Abb. 7: Der „Werwolf" von Gévaudan, Frankreich, verbreitete im 18. Jahrhundert Angst und Schrecken. Darstellung aus dem Jahr 1765.

Verkörperung des Teufels. Auch im Faust Goethes erscheint Mephisto zuerst als schwarzer Pudel.

Im Jahre 856 soll während eines heftigen Gewitters „ein riesiger Hund" in einer Trierer Kirche erschienen sein. 867 soll ein ähnlicher Geisterhund in Sachsen aufgetaucht sein.[2] Im 13. Jahrhundert lehrte „ein großes schwarzes Tier" die Bewohner der Region um Darmstadt das Fürchten. Es soll viele Leute getötet haben, bis sich der Baron von Frankenstein ein Herz faßte und das bösartige Vieh erschlug. Bei dem Kampf erlitt er eine Wunde, an deren Folgen er starb.[3]

Häufig vermischt sich das Motiv des Geisterhundes mit dem des marodierenden Werwolfes. Werwölfe waren Menschen, die sich durch magische Formeln oder Teufelsbündnisse in Wölfe verwandeln konnten. In dieser Form konnten sie ihre Gier nach Menschenfleisch und -blut stillen. Ebenfalls in Südhessen, bei Eschenbach, soll 1685 ein wolfartiges Tier mehrere Kinder gerissen haben. Die aufgebrachten Bürger trieben es in einen Brunnen und erschlugen es mit Keulen und Heugabeln. Während einige Chronisten berichteten, es habe sich bei diesem Tier um einen gewöhnlichen Wolf gehandelt, behaupten andere Quellen, es sei ein Werwolf gewesen.[4]

In einem Speyerer Kloster soll es im Jahre 1651 gespukt haben. Zeugen hörten seltsame Geräusche, ein Summen und Brausen, das so beängstigend war, daß sich die Militärkommandantur schließlich entschloß, Nachforschungen anzustellen. Ein im Kloster wachender Soldat hörte das Brausen, und als er genauer nach der Ursache forschte, sah er in der Küche „ein schwarzes Kalb mit einem langen Schwanz, und dieses Kalb verursachte die eigentümlichen Geräusche".[5] Besonders schwarze Tiere, Katzen und Hunde, wurden als übernatürliche Wesen betrachtet. Zu dieser Angst trugen sicher auch die bis zur Neuzeit noch in unseren Wäldern heimischen Wölfe, Luchse, Wildkatzen und Bären bei. Doch selbst als diese Tiere Mitte des 19. Jahrhunderts in Deutschland ausgestorben waren, lebten die schwarzen Ungeheuer weiter. So berichtete die Belfaster Zeitung *Irish Daily Telegraph* im Februar 1934: „Ein bisher unidentifiziertes Raubtier wildert unter den Hirschen und Rehen in den Wäldern entlang der Lahn. Nach einem Bericht aus Berlin handelt es sich um ein unlösbares Rätsel. Hin und wieder findet man junge Hirsche, denen der Kopf abgerissen wurde, mit tiefen Klauenwunden in der Flanke. Der letzte derartige Fund wurde bei Ober-Mörlen gemacht. Zwei Wochen zuvor hatte man einen kopflosen Hirsch, der offensichtlich von einem wilden Tier gerissen worden war, bei Driedorf gefunden. Die ersten Fälle wurden im letzten Frühjahr und Sommer entdeckt, ihre Zahl nahm gegen den Herbst zu. Trotz der Bemühungen vieler Förster und Jäger konnten bisher noch keine Spuren von dem wildernden Untier gefunden werden. Die Art der Wunden läßt auf einen Luchs schließen, aber seit mehr als 100 Jahren gibt es in Deutschland keine Luchse mehr. Es gibt auch keinerlei Hinweise, daß irgendwo ein Luchs aus einem Zoo ausgebrochen ist. Die Angelegenheit ist daher immer noch ein großes Rätsel."[6]

1948 soll ein Wolf der Schuldige gewesen sein. Er überquerte die Elbe bei Gartow und wurde als „der Würger von Lichtenmoor" berühmt. Innerhalb kürzester Zeit soll der Wolf 52 Rinder und 100 Schafe gerissen haben – manchmal zwei in einer Nacht, über 50 Kilometer voneinander entfernt! So etwas bringt natürlich kein normaler Wolf fertig: Solche Mordgier entspricht eher der des Werwolfs der Sage. Nach dem Kriege herrschte in ganz Deutschland Fleischknappheit, jede Schlachtung mußte genehmigt werden. Heutige Vermutungen gehen dahin, daß so manches Rind und Schaf, das auf den Mittagstisch wanderte, den Behörden gegenüber als Wolfsopfer deklariert wurde. Wölfe sind keine grausamen und bösartigen Bestien, wie sie in den Sagen dargestellt werden, und es ist unmöglich, daß ein einzelner Wolf den sagenhaften Hunger des „Würgers" entwickelt hatte.[7] Doch der Schock saß tief. Der „Würger von Lichtenmoor" wurde zu einem Mythos der Nachkriegszeit. Noch im Oktober 1954 wollen die Forstangestellten von Frielingen und Frankenfeld im Lichtenmoor bei Neustadt in der Nähe Hannovers einen Wolf gesichtet haben. Innerhalb weniger Tage – so zeitgenössische Zeitungsberichte – soll das Tier zwölf Rinder und Schafe zur Strecke gebracht haben. Und man sprach in den Dörfern wieder vom „Würger".[8]

Im Jahre 1962 beobachteten aufgeregte Bürger in der südenglischen Grafschaft Surrey einen Puma. Der Surrey-Puma ersetzte einen Sommer lang das „Ungeheuer von Loch Ness". Nie riß das Raubtier auch nur ein einziges Schaf, selten hinterließ es Spuren, und es gibt auch nur ein oder zwei verwackelte Fotos von ihm. Heute ist der Surrey-Puma eine der populärsten Legenden Großbritanniens, nur die Kreise im Getreide, Ufos und Nessie sind beliebter. Von der Nordspitze Schottlands bis zur Südspitze Cornwalls: Überall werden alljährlich Panther und Pumas geortet, ab und zu auch ein Schafskadaver. Das mögen wildernde Hunde und Katzen gewesen sein, doch die gerissenen Tiere werden stets den Pumas angelastet. In den 70er Jahren kam dieser Surrey-Puma auf den Kontinent, zuerst nach Spanien, später nach Frankreich – wo sich der Sagenforscher Michel Meurger mit ihm befaßte – und schließlich in die Bundesrepublik.

1977 tötete ein Tier, das abwechselnd als Puma, schwarzer Panther oder Wolf bezeichnet wurde, angeblich Hunderte von

Schafen in den Vogesen. Bauern und Jäger organisierten regelrechte Treibjagden, doch selbst als im Winter Schnee fiel, hinterließ das Tier niemals Fußabdrücke. Die Bauern von Epinal sprachen von dem „Blutinstinkt" des Tieres, das seine Opfer töte, aber nicht fresse, sondern nur ihr Blut trinke. Ein Tankwart wollte das „Vogesenungeheuer" gesehen haben, er beschrieb zwei große pechschwarze Katzen, die schnell im Gehölz verschwanden, als sie ihn bemerkten. Danach berichteten die deutschen Zeitungen, die regen Anteil nahmen, das Rätsel sei endlich gelöst: Das Monster sei „ein entlaufenes Panther-Pärchen" gewesen. Doch wie die geisterhaften Vorläufer der heutigen Pumas konnten diese Tiere nie gefangen werden.[9]

Nachdem das „Vogesenungeheuer" vor allem in Süddeutschland die Zeitungsspalten gefüllt hatte, dauerte es nicht mehr lange, bis auch aus der Bundesrepublik die ersten Sichtungen von Pumas gemeldet wurden.

Manche unserer Mitbürger halten es für chic, sich exotische Raubtiere ins Haus zu holen. Die Angst, daß ein solches Tier ausreißen und den Wald unsicher machen könnte, ist verständlich. Hinzu kommen die zaghaften Versuche der Tierschützer, in heimischen Wäldern Luchse und Wölfe neu anzusiedeln. Leider werden viele dieser Tiere bald das Opfer übereifriger Jäger (weshalb die Aktionen immer häufiger geheimgehalten werden). Die Landwirte reagieren meist ablehnend, denn sie befürchten, die Wölfe und Luchse könnten ihre Schafe und Kälber töten. Obwohl das fast nie geschieht, tragen solche Ängste dazu bei, aus einem gewöhnlichen streunenden Hund ein gefährliches Raubtier zu machen. Doch all diese Faktoren können nicht die gesamte Zahl der Puma-Sichtungen in Deutschland erklären.

Eine kurze Übersicht über angeblich „entlaufene", tatsächlich aber nie vermißte und gefangene Pumas in Deutschland zeigt deutlich, daß diese Phänomene Jahr für Jahr immer wieder in den gleichen Gegenden gehäuft auftreten. Jeder schlagzeilenverdächtige Fall hat in der Regel mehrere Nachfolger.

– Im Sommer 1982 sahen zahlreiche Zeugen einen Puma in Schleswig-Holstein. Ein gewisser Uwe Sander behauptete, das

Tier habe ihn angegriffen. Die von ihm vorgezeigten Fellhaare stammten aber von einem Hasen. Einer der Pumas war in Wirklichkeit ein alter Müllsack, ein anderer ein gemaltes Bild. In einer Nacht wurden Pumas mehrere Dutzend Kilometer voneinander entfernt von verläßlichen Zeugen gesichtet.[10] Die Polizei ging zuerst von einem ausgebrochenen Tier aus, da bereits Meldungen aus dem Süden Dänemarks vorlagen. Später wurde dann vermutet, es habe sich nur um einen Schwindel gehandelt. Das Gerücht hielt sich mehrere Monate lang, die deutschen Tageszeitungen berichteten ausführlich. Diesmal blieb es der *Frankfurter Allgemeinen Zeitung* überlassen, den unvermeidlichen Vergleich mit dem „schottischen Loch Ness" zu ziehen.

– Im Juli 1983 tauchte ein Puma bei Hannover und Soest auf. Die Polizei fing einen wildernden Schäferhund ein und hielt ihn für den Schuldigen, doch sein Besitzer konnte nachweisen, daß das Tier erst Tage zuvor ausgerissen war. Angeblich wurden dieses Mal auch Fußabdrücke des Pumas gefunden. Gefangen wurde er nicht.[11]

– Im August 1983 warnte die Polizei vor einem Puma im Merzig-Wadern-Kreis im Saarland. Er wurde mehrmals in den Wäldern gesehen, die Polizei ging davon aus, daß es sich um ein aus einem Zoo, einer Menagerie oder einer privaten Haltung entlaufenes Tier handelte. Fangen konnte man es dennoch nicht, und Fußspuren hinterließ es ebenfalls nicht.[12]

– Am 16. April 1985 warnte die Polizei vor einem „Eisbären", den verschiedene Zeugen im Forst bei Gelnhausen beobachtet hatten. Auf der Suche nach dem „Bär" fingen die Beamten „einen großen, weißen sibirischen Wolfshund" und schlossen daraus, das sei der „Eisbär" gewesen.[13]

– Im Juni 1985 tauchte ein Puma wieder bei Hannover auf. Ein Jogger hatte bei Delligsen in Niedersachsen eine „Löwin" beobachtet. Polizisten durchkämmten das Gebiet und überflogen es mit einem Hubschrauber. Angeblich wurden Fußspuren entdeckt – das Tier selbst blieb unauffindbar. Zwei Tage später kamen erneut Berichte aus der gleichen Gegend. Ein Autofahrer wollte die Löwin 15 Kilometer vom ursprünglichen Sichtungsort entfernt gesehen haben. Ein Polizeisprecher gab an, es seien noch weitere Beobachtungen gemeldet worden. Ein Tierarzt, der die vorher entdeckten Spuren untersucht hatte, meinte, sie stammten ohne Zweifel von einer Großkatze. Ein Zooexperte untersuchte dieselben Abdrücke und kam zu dem Schluß, es handle sich ohne Zweifel um Hundepfoten. Und wieder verschwindet die Riesenkatze, ohne sich fangen zu lassen.[14]

– Im April 1988 warnte die Polizei in Saarlouis die Einwohner vor „einem entlaufenen jungen Puma", der im Gebiet der Gemeinden Ernsdorf und Schwalbach gesehen worden sei: „Trotz der Suche von Polizei und Jägern konnte das Tier nicht gefangen werden."[15]

– Im Sommer und Herbst 1989 konzentrierten sich die Sichtungen auf ein größeres Gebiet in Süddeutschland. Im August erklärten verschiedene Zeugen, sie hätten einen schwarzen Panther im Grenzgebiet von Bayern und Hessen beobachtet. Ende Oktober sichtete man das Tier bei Heubach im Darmstadt-Dieburg-Kreis. Nun hat ein Puma, wie alle Raubtiere, ein festumgrenztes Revier. Auch ein entlaufener Puma würde sich bald ein Gebiet abstecken und es gegen Eindringlinge verteidigen. Allein die Sichtungen des Herbstes 1989 kamen von einem Gebiet, das als Revier viel zu groß für einen „normalen" Puma gewesen wäre. Und ein Puma muß sich ernähren, er hinterläßt Kadaver der getöteten Tiere, er hinterläßt Exkremente, er plündert Mülltonnen und wird – falls er wirklich existiert – wahrscheinlicherweise irgendwann einmal fotografiert. All dies geschah, wie in den anderen Fällen von „Phantom-Pumas", auch dieses Mal nicht.

Die Polizei warnte in den Zeitungen und über lokale Rundfunksender die Bevölkerung im Odenwald. Die Beamten erklärten, glaubwürdige Zeugen hätten das Raubtier im Gehölz fauchen hören, und baten die Bürger entlang der Bergstraße um erhöhte Vorsicht. Solcherart amtlich legitimiert, konnte sich die Angst vor dem schwarzen Panther ausbreiten.

Am 1. und 2. November entstand Panther-Panik in den Dörfern Fürth und Steinbach im Kreis Bergstraße. Verschiedene Zeugen wollten das Tier gesehen haben. Eine Frau gab an, es habe mitten in einer Schafherde gestanden. Bei Winterkasten gab es einen weiteren Augenzeugen. Er erklärte gegenüber der Polizei, sein Hund sei nervös geworden, er selbst habe „Tiergeräusche" gehört. Ein anderer Mann wurde in der Lokalzeitung zitiert, er werde in den nächsten Tagen nicht in den Wald gehen. In Winkel, einem Vorort von Lindenfels, sah jemand den Panther durch seinen Vorgarten spazieren. Später sollen dort Pantherspuren gefunden worden sein. Da offizielle Erklärungen der Polizei diese Spuren nicht erwähnen, ist anzunehmen, daß sich ein großer schwarzer Hund verewigt hat.[16]

Die Lokalzeitungen brachten mehrere Artikel mit immer neuen Sichtungsmeldungen. Die überregionalen Zeitungen, die sich damals hauptsächlich mit den Ereignissen in der DDR beschäftigten, verpaßten diese Sichtung. Sie erreichte daher nicht die Beachtung, die der „Puma" von 1982 erhalten hatte.

Doch auch im Herbst 1989 wurde kein Panther in den Zoologischen Gärten und Tierparks vermißt. Hirsche, Hasen und Schafe landeten nicht im Magen einer hungrigen Raubkatze. Es wurden keine glaubhaften Spuren des Panthers gefunden, es gab keine Fotos, keine Videos. Nach einiger Zeit zogen auch die Polizisten den Schluß, daß nicht alles, was „zuverlässige Zeugen" sehen, Realität sein müsse. Gegenüber der Nachrichtenagentur *dpa* wurde erklärt: „Wenn man so nachbohrt, stellt man fest: So richtig gesehen hat ihn bisher noch keiner." Der Sprecher des Darmstädter Polizeipräsidiums nahm an, der Panther sei wohl eine Ente.

Könnte es sich aber nicht doch um einen entlaufenen Puma oder Panther gehandelt haben?

Es reißen tatsächlich hin und wieder Großkatzen aus Gehegen und zoologischen Gärten aus, und es mag vorkommen, daß sich jemand einen Löwen als Haustier hält und seiner überdrüssig wird. Doch in der Regel werden solche „realen" Pumas und Panther schnell entdeckt, von Tierfängern oder der Polizei gestellt und getötet oder eingefangen. Einige Beispiele sollen das illustrieren:

– Als im Mai 1971 ein Löwe aus einem Transportfahrzeug in der Nähe Recklinghausens entsprang, wurde er bereits einige Stunden später erschossen.[17]

– Im Januar 1974 entkamen zwei Wölfe aus einem Zirkus. Noch am gleichen Tag wurden sie bei Oldenburg getötet.[18]

– Ein im Juli 1975 aus dem Hannoveraner Zoo ausgebrochener Löwe wurde wenige Stunden später eingefangen.[19] Eine im Juli 1975 beim Neusiedler See in Österreich entlaufene Löwin wurde ebenfalls Stunden später wieder geschnappt,[20] während ein bei Saalfelden, Österreich, entlaufener Puma zwei Tage nach seinem Ausbruch erschossen wurde.[21]

Es handelt sich bei wochenlang umhergeisternden Tieren kaum um entlaufene, reale Wesen. Hatte die Polizei also recht, wenn sie von einer Ente sprach? – Nicht ganz. Denn die Gerüchte sind Spiegel unserer Ängste und leben von ihnen. Der Wald ist dunkel und feindlich, der Städter weiß längst nicht mehr, welche Tiere im Gehölz knurren und fauchen. Wird eine Puma-Sichtung erst einmal durch den Aufwand, den die Polizei um das angeblich entlaufene Tier betreibt, offiziell bestätigt, kann jeder in einem Schatten, einer Bewegung im Dunkeln eine Raubkatze sehen.

Da sich die Sichtungen auf engumgrenzte Gebiete (etwa Holstein, die Gegend um Hannover, das Saarland und den Kreis Darmstadt) beschränken, in denen teilweise schon seit Jahrhunderten große schwarze Hunde und Katzen gefürchtet werden, mögen lokale Vorstellungen mit im Spiele sein.

Irgendwo da draußen, im dunklen Wald, packt manchen die Angst vor der Begegnung mit einer Natur, die noch nicht vollkommen unterworfen erscheint, vor einer Wildnis, in der viele ohne Maschinen und die sonstigen Errungenschaften der Zivilisation nicht mehr überleben könnten – und hin und wieder faucht diese feindliche Natur aus dem Gebüsch, wie sie schon vor 500 Jahren unsere Vorfahren bedroht hat. Wo sie Werwölfe und Geisterkatzen sahen, sehen wir heute exotische Raubkatzen, ein Stück der in Zoos gebändigten Natur, das uns wieder entglitten ist.

Drachen in Bergen und Wäldern

1598 tauchte ein Drache im Grenzgebiet zwischen Schlesien und der Lausitz auf. Die Gegend dort ist gebirgig und mit Buschwerk und Unterholz bedeckt. Ein mehrere Fuß langes Ungeheuer wurde mehrmals beobachtet – es hatte einen grünlich-gelben Eidechsenkörper und einen Katzenkopf. Leute, die in den Wäldern Pilze und Beeren sammelten, flohen vor der Kreatur. Als zwei Mädchen verschwanden, gab man dem Drachen die Schuld. Erlegt oder gefangen wurde das Untier nie.[1] In der Nähe Breslaus (heute Wrozlaw) in Polen wurden auch später noch ähnliche Monstren gesehen.

„Im Grentzischen wohnet ein Wildniß-Bereiter", schreibt Zedler in seinem Lexikon, „Zander genannt, in dessen Hause es sich im Jahr 1713 den 26. Jul. zugetragen, daß eine Jungfer und Verwandtin im Hause begriffen gewesen, aus der Stube ins Vorhaus zu gehen, aber plötzlich, als heftig erschrocken, mit aengstlichem Geschrey, als erblicke sie etwas grausames und ungeheures, wieder zurueck gesprungen, wodurch der Wald-Foerster selbst veranlasset worden, die Ursache solcher Veränderungen zu vernehmen. Kaum aber hatte er den ersten Blick und Schritt ins Vorhaus gethan, als über die Schwelle zur Haus-Thüre hinein, eine ungemein abscheulich grosse Schlange mit dem Kopfe herein raget, und mit aufgesperrtem Rachen ihm entgegen zischet. So ungewöhnlich der Anblick, so gefährlich erschien der Verzug, und so nöthig auch ein geschwinder Entschluß, dem ungebetenen Gaste zeitig die weitere Visite zu legen; gestalt er denn auch sofort einen zur Hand stehenden halben Mond erwischete, und dem über die Schwelle ragenden Halse der Schlange einen gewaltigen also gluecklich versetzte, daß der abgesonderte Kopf im Hause zu liegen kam; der Schlange Leib aber ausser demselben mit vielem Winden, Krümmen, Aufsteigen, Niederwerffen, wieder Aufsteilen, langwierige Bewegung gemacht, endlich sich ausgestrecket, und inzwischen soviel Blut gestürtzet, als wäre daselbst ein Rind geschlachtet worden ... sie ist noch mit dem Kopffe zusammen gesetzet fleißig gemessen, und die Länge befunden worden 10 ¾₄ Rigische Ellen, oder nach rheinländischem Maaß 17. Fuß, 4 Zoll."[2] Das sind immerhin fast sechs Meter.

Zedler, der große Lexikograph der deutschen Aufklärung, fügt an, dies seien die Fakten, es gäbe jedoch noch Ausschmükkungen der Geschichte, nach denen vor dem Auftauchen der Schlange zwei fremdländische Männer beim Förster nach Arbeit gefragt hätten, die ihnen verwehrt worden sei. Nachdem das Monstrum verbrannt worden war, tauchten zwei häßliche Frauen auf, die fragten, ob man ihr weißes Pferd gesehen hätte. Die Volkssage impliziert hier Zigeuner mit magischen Kräften, die aus Rache ein Pferd in ein Ungeheuer verwandeln, oder zwei Hexen, die nach ihrem Familiar, ihrem tierartigen Hilfsgeist, suchen.

Zedler nennt noch eine weitere Geschichte, die ebenfalls folkloristisch ausgeschmückt ist: „Im Jahr 1713 lebte noch im Muischazehmischen Pastorat ein uraltes Weib, so vielfältig in allem Ernst betheuret: Es hätte, als in ihrer Jugend sie des Viehes gehütet, unter dem Viehe sich öfters eine grosse Schlange sehen lassen, und die Hüter also erschrecket, daß sie die Flucht ergriffen. Einsten aber hätte ein behertzter Junge wieder einen Muth gefasset, und die Schlange erschlagen. Kaum wäre dies geschehen, als ein benachbartes Weib in flügenden Haaren, mit großem Geschrey und Wehklagen, hinzu gelauffen, und sich hefftig beschwehret: daß die Hüter ihre Mutter umgebracht. Ohne Zweifel wird diese Schlange ihre Peenu-Mate gewesen seyn, nemlich ihre Milch-Mutter, die ihr Milch zugebracht. Wie dergleichen von einer erschlagenen Kröten, so die Bäuerin mit dem Geschrey beklaget: Wai manna peenu-mate, manna peenu-mate! Ach, meine Milch-Mutter, meine Milch-Mutter."[3]

Hier taucht der Drache wieder als Begleiter und Ernährer einer Hexe auf, da man früher glaubte, Hexen hätten Dämonen in Schlangenform als Gehilfen, die die Kühe der rechtschaffenen Dorfbewohner molken. Zedler selbst sichert sich seinen Lesern gegenüber ab, schließlich vertritt er die Aufklärung, auch wenn er sich für den alten Volksglauben interessiert: „In dem Horizont derjenigen, die mit Beckero, Webstero und Thomasio, die höllischen Zauber-Künste simpliciter läugnen, möchte dieses erzehlte kein Quartier finden, vielmehr als etwas auslachens würdiges abgewiesen werden."

Aus den folkloristischen Sagen ergeben sich einige Charakteristika der deutschen Drachensagen, die als Augenzeugenberichte und nicht als mythologisch-erklärende Erzählungen abgefaßt sind: Drachen sind große reptilartige Wesen von ein bis sechs Metern Länge, die entweder in Schlangen- oder Echsenform auftreten, wobei letztere häufig einen Katzenkopf haben und erstere „so groß wie ein Wiesbaum" sind; sie sind selten als kurioses Tier, sondern stets als Omen oder Teufels- und Hexenwerkzeug verstanden worden, und es gibt eine Tendenz in den Berichten, die gesichteten Monstrositäten rational zu begründen, etwa als entlaufene Exoten, die ihren Besitzern entsprungen sind. Dabei sind wieder verschiedene Entwicklungstendenzen sichtbar, die aus dem Drachen – der ungebändigten, feindlichen Natur – zuerst eine wissenschaftlich glaubhafte Form machen (z. B. eine entlaufene Riesenschlange), um sie dann schließlich der Lächerlichkeit preiszugeben – weil man sich auch vor 200 Jahren nicht mehr so recht vorstellen konnte, daß es in Deutschland und Umgebung noch unentdeckte Riesentiere gab. Allein in den Alpen hielt sich der Glaube an ein meterlanges, salamanderartiges Geschöpf bis in die 30er Jahre, und das Tier wird noch heute gesehen.

Die Annalen des Klosters Corvey berichten von einem veritablen Drachen des Mittelalters; die folgende Version der Geschichte stammt aus einem Lexikon der ersten Hälfte des 19. Jahrhunderts: „Noch im J(ahre) 1029 stak im Koetherberge (an der Weser) eine große Schlange, von der man sagte, daß sie einen Hund, Laemmer und Kaelber verschlungen habe. Sie ward von Bauern nur vermittels Rauches, welchen angezuendetes Birkenholz und in die Flamme geworfenes Schuhpech gaben, vertrieben."[4] Hier haben die Mönche des Klosters – vielleicht – eine örtliche heidnische Legende mit der biblischen Geschichte des Daniel gepaart, der einen babylonischen Drachen mit heißen Pechkuchen zur Strecke bringt.

Als Heinrich von Kleist 1810 eine ähnliche Geschichte, diesmal aus Österreich, in seinen *Berliner Abendblättern* berichtete, verglich er die kaum veränderte Erzählung mit damals bekannten Presse-Enten, um sich von vornherein von solchen Phantasien zu distanzieren – offenbar war unter seinen gebildeten Lesern keiner bereit zu akzeptieren, daß in der Nähe Wiens Drachen hausten: „Österreichische Blätter erzählen, daß in Dürrenstein bei Krems, in einem finsteren Kerker, eine 12 Ellen lange Schlange gefangen wurde, nachdem sie vorher einen Mann und ein Kalb gefressen hatte. Diese Geschichte ist wahrscheinlich ein Seitenstück zu den fabelhaften Menschenfresser-Ratten in Torgau."[5]

Nicht jeder war so skeptisch. Als um 1890 bei Olpe im Sauerland erneut eine große Schlange gesichtet wurde, taten sich die Bauern der Umgebung zusammen, um das Monster zu erledigen, da sie, von den Sagen gewarnt, um ihr Vieh fürchteten: „Eine riesige Schlange, viele Meter lang, und dick wie ein Ofenrohr, sah ein Bauer bei Olpe, sie verschwand plötzlich, als er näher lief, und doch war nirgends eine Öffnung in der Erde. Viele Leute haben sie dort außerdem gesehen, Jäger schossen danach, ohne sie zu treffen, aber seit dem Tag blieb sie weg; zuleide getan hat sie niemand was."[6]

Solche Akzeptanz der „Schlange, so groß wie ein Wiesbaum", ist heute selten – mit Ausnahme des Tatzelwurms. Selbst der inzwischen verstorbene, leichtgläubige Autor Peter Kolosimo (1922–1984), der als Verfasser grenzwissenschaftlicher Bücher bekannt wurde, kann sich ein leichtes Lächeln nicht verkneifen, als er einen der letzten mitteleuropäischen Drachenberichte zitiert, nach dem zu Anfang des Zweiten Weltkrieges, als überall in Europa Ungeheuer gesichtet wurden, ein Drache in der Eisgrotte von Schellenberg auftauchte: „Ein echtes grünes Monster, aber ohne Tentakel, dafür zum Ausgleich mit einem hübschen Drachenkopf versehen, bot die Eisgrotte von Schellenberg."[7] Im Gegensatz zu der großen Schlange, die über Generationen hinweg konventionalisiert und geglaubt werden konnte, lebte der Drache mit Krokodilkörper, Säugetierkopf und ledrigen Fledermausflügeln gleich von Anfang an eine fast ausschließlich mythologische Existenz; er diente dazu, um etwa Landrechte adliger Familien zu begründen – die dort vormals ein Untier erlegt hatten –, oder Fluten, Blitzschlag und andere Naturkatastrophen legendenhaft zu überliefern. Nur in der Renaissance suchte man nach einer realen Entsprechung für diese Drachenspezies.

Der Drache von Geldern ist sicherlich eine Legende, die schon bei ihrer Entstehung in ferner Vergangenheit angesiedelt wurde. Die Stadtchronik überliefert die Gründung Gelderns mit folgenden Worten: „Im Jahr 878, als Carolus Kaiser war, gab es bei Köln einen großen weiten Platz, in der Herrschaft von Pont, und auf diesem Platz war ein großes giftiges Tier, das dem Land viel Böses tat und viele Menschen verschlang, und viele Leute flohen voller Schrecken und Angst aus dem Land. Es hatte feurige Augen, die man bei Nacht deutlich sehen konnte. Manchmal hörte man das Tier Gelre, Gelre rufen, und es fügte auch dem Herrn von Pont viel Schaden zu. Dieser hatte zwei Söhne, herrliche Männer namens Wichardus und Lupoldus, die überwanden bei Nacht das gräßliche Biest mit Gottes Hilfe. Darüber war das Volk hocherfreut, es wählte die beiden Brüder zu ihren Prinzen und Vögten, und ihre Burg nannten sie Gelder, an dem Platz, wo das Tier erschlagen worden war."[8]

Der Kampf mit dem Drachen, der einem Urahn zugeschrieben wurde, rechtfertigte die Landbesitzansprüche. Manchmal sind jedoch Gefechte mit Drachen die symbolische Version eines tatsächlichen Kampfes, etwa mit feindlichen Heerscharen, oder bei Heiligen gegen heidnische Priester.

Deutschlands ältestes Volksschauspiel, das seit 500 Jahren aufgeführt wird, geht wahrscheinlich auf eine reale Begebenheit zurück. Der „Drachenstich" von Furth im Wald wird jedes Jahr vom zweiten bis zum dritten Sonntag im August gespielt. Der zehn Meter lange Drache, der in dem Schauspiel auftritt, ist elektronisch und mechanisch ausgerüstet, er spuckt Feuer und flattert mit den Flügeln. Udo der Ritter tritt gegen das Ungetüm an und erlegt es schließlich mit einer Lanze. Solche Drachenkämpfe und Umzüge mit Drachen gibt es in fast allen europäi-

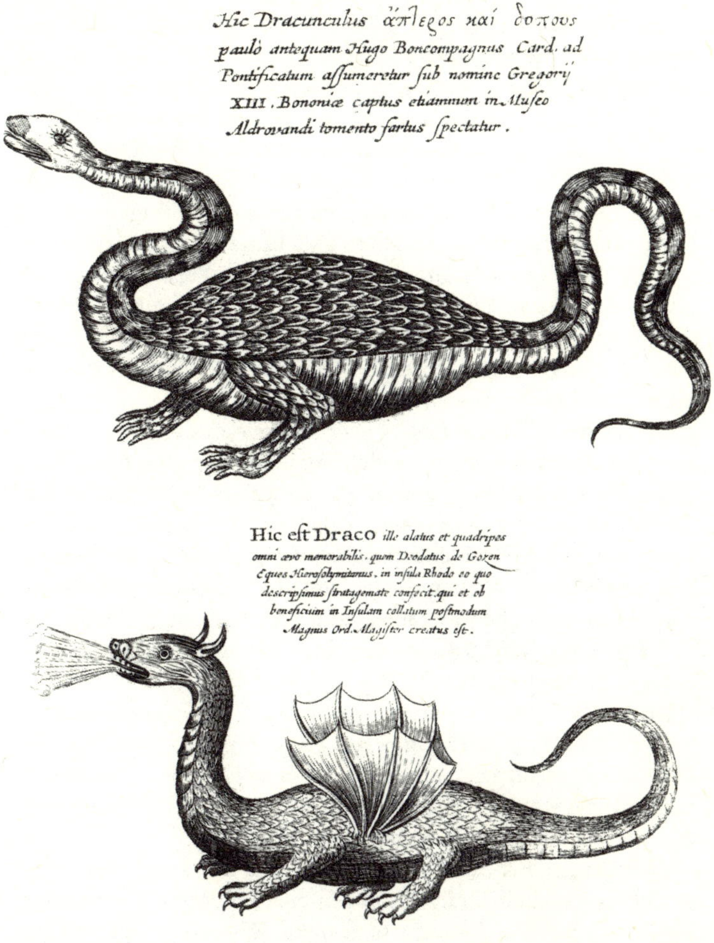

*Hic Dracunculus ἄπλεος καὶ δοξους
paulo antequam Hugo Boncompagnus Card. ad
Pontificatum assumeretur sub nomine Gregorij
XIII. Bononiæ captus etiamnum in Museo
Aldrovandi tomento fartus spectatur.*

*Hic est Draco ille alatus et quadripes
omni ævo memorabilis. quem Deodatus de Gozon
Eques Hierosolymitanus. in insula Rhodo eo quo
descripsimus stratagemate confecit.qui et ob
bonoficium in Insulam collatum postmodum
Magnus Ord. Magister creatus est.*

Abb. 8: Darstellung zweier Drachen in „Mundus Subterraneus" von Athanasius Kircher, Amsterdamer Ausgabe von 1678.

schen Ländern, der Further Drachenstich soll auf einen realen
Drachenkampf im August 1431 zurückgehen. Historiker vermuten, daß das Volksfest an den Feldzug gegen die Hussiten
erinnert.[9]

Der Renaissancegelehrte Ullisse Aldrovandi (1522–1605) berichtet in seinem naturkundlichen Buch über Drachen und Schlangen, ein beschupptes, eidechsenartiges Monster mit kleinem Kopf, langem Hals und Schlangenschwanz sei 1572 in Bonn von einem Bauern erschlagen worden. Dieser Drache war klein, zwei Ellen lang, und hatte nur zwei Beine. Der Holzstich, den Aldrovandi seinem Bericht beigefügt hat, zeigt eine Art Miniaturbrontosaurier, dem man die Hinterbeine abgeschnitten hat – ein biologisch unmögliches Geschöpf. Vermutlich ist der große Gelehrte auf eine Fälschung hereingefallen: einen künstlichen Drachen, der aus getrockneten einheimischen und exotischen Eidechsen und Resten von Rochen zusammengebastelt und für viel Geld verkauft wurde.[10]

Der Bonner Drache macht deutlich, wie in der frühen Neuzeit die Drachenmythen an die Vorstellungen des Publikums angepaßt wurden. Bei Conrad Gesner (1516–1565), einem frühen Schweizer Naturwissenschaftler, hat das vorher flügellose Vieh plötzlich zwei Fledermausschwingen, und in Athanasius Kirchers Version werden die fehlenden Hinterbeine ergänzt, so daß der ursprünglich flügellose und bipede Bonner Drache innerhalb eines Jahrhunderts zu einer Art Pferdekrokodil mit Flügeln geworden ist.

Gesner berichtet in seinem epochalen Werk *Historia animalium* (1551–58) von einem weiteren geflügelten Drachen, der 1543 in der Steiermark erschienen sein soll. Er besaß nicht nur Echsenfüße, sondern Fledermausflügel, und wenn er zubiß, war die vergiftete Wunde nicht mehr zu heilen.[11]

Weniger gefährlich, eher handzahm und zutraulich waren die beiden geflügelten Drachen, denen ein Schweizer Küfer Anno 1420 in der Nähe Luzerns begegnete. Wie viele andere Drachenberichte verdanken wir auch diesen dem Jesuitenpater Athanasius Kircher, der systematisch seine Landsleute nach Sichtungen befragte und die Ergebnisse in seinem Buch *Mundus Subterraneus* niederschrieb, einem Werk, in dem er die These aufstellt, die ganze Erde sei von einem unterirdischen Höhlengeflecht durchzogen, in dem nicht nur Zwerge, sondern auch Drachen lebten. Der Wohnort der Drachen wird in eine ent-

Abb. 9: Der Küfer von Luzern hält sich am Schwanz des Drachen fest. Darstellung aus „Mundus Subterraneus" von Athanasius Kircher, Amsterdamer Ausgabe von 1678.

fernte und kaum zugängliche Welt verlegt, so daß deren Seltenheit auch für ein skeptisches Publikum glaubhaft ist.

1420 fiel ein Küfer aus Luzern am Pilatusberg in einen tiefen Schacht und verlor beim Aufschlag das Bewußtsein. Als er wieder zu sich kam, entdeckte er, daß er sich in einer Grotte befand, in der zwei geflügelte Drachen lebten, die die beiden Ausgänge bewachten. Sie taten ihm nichts, ließen ihn aber auch nicht aus ihrem düsteren Gefängnis entkommen. Obwohl der Vorfall sich über die kalten Monate erstreckte, befanden sich die Echsen nicht in Winterstarre, doch war ihr Stoffwechsel ohne Zweifel herabgesetzt: Der Mann beobachtete, daß sich die Ungeheuer nur vom Tau auf den Felswänden ernährten, den sie mit ihren Zungen vom Stein leckten. Er tat es ihnen gleich und konnte so überleben. Nach mehreren Monaten bemerkte er, wie sich die Drachen streckten und reckten und ihre ledrigen Flügel öffneten und schlossen, und er folgerte daraus, daß sie sich auf den Frühlingsausflug vorbereiteten. In den Alpen verkörperten die Drachen früher die unberechenbaren meteorologischen Mächte; man glaubte, die Sturzbäche zur Schneeschmelze würden von Drachen verursacht, und es hieß bei plötzlich auftretenden Wassermassen: „Ein Drache ist ausgefahren."

Offenbar geht Kirchers Konkretisierung von diesem Naturmythos aus, der nun durch typische Renaissancedrachen illustriert wird. Ein Drache war bereits aus dem Berg in die frische Luft geflogen, und der Küfer nutzte seine Chance, band sich mit seinem Gürtel am Schwanz des zweiten fest und kam so wieder an die oberirdische Welt. Doch durch seinen langen Aufenthalt – er soll die Zeit vom 6. November 1420 bis zum 10. April 1421 in seinem unterirdischen Gefängnis verbracht haben – an den Tau der Felsen gewöhnt, starb der arme Mann nach allem, was er durchgemacht hatte, kurz nach seiner Rettung daran, daß er die schwere Nahrung der oberirdischen Welt nicht mehr vertrug.

Der Küfer hatte über seine Rettung nicht den Schöpfer vergessen und vermachte seine Ersparnisse der Kirche. Zur Erinnerung hing in der Luzerner Kirche St. Leodegaris noch lange Zeit ein großformatiges Ölbild der wundersamen Geschehnisse. Dort sah es Kircher, und ein Kupferstich in seinem Werk reproduziert das Gemälde. Darauf ist ein Panoramabild des Vierwaldstätter Sees und der Stadt Luzern zu erkennen, die vom wild zerklüfteten Pilatus überragt wird. Eine geringelte Schlange, etwa mannsgroß und mit zwei Vogelflügeln, segelt über dem Berg, dahinter der zweite Drachen mit vier Tatzen und Fledermausschwingen und dem armen Küfer, der sich mit einer Hand verzweifelt am Schwanz festhält. Ganz oben auf dem Berg ist der Pilatussee zu erkennen, in den der Sage nach der Dämon Pilatus, der Jesus zum Tode verurteilte, bis in alle Ewigkeit verbannt wurde, um für seine Sünden zu büßen. Eine wahrhaft wilde, höllische Gegend.[12]

Die relativ harmlosen Drachen des Pilatus sind nicht nur „verwissenschaftlichte" Versionen alter Bergmythen, sie sind auch, wie die Drachen der germanischen Sagen, Hüter der Unterwelt. Wie moderne Biologen, die sich für Ungeheuer interessieren, aus den urgewaltigen Seegeistern überlebende Dinosaurier oder Urwale machen, so verwandelte Kircher, im Zeitalter der Konsolidierung der Zoologie, das wenig konkrete und dinghafte Naturmonster zu einem biologischen Wesen, das bedrohlich, aber auch kurios war, und, wie alle Wesen, vom Menschen zu seinen eigenen Zwecken gebraucht werden konnte. Die Drachen, die die Unterwelt bewachen, in der sie an den Wurzeln der Weltesche nagen und so das Ende des Universums herbeiführen, wurden im Laufe der Christianisierung im Volksbrauch zu bösartigen Gesellen, die unerreichbare Schätze bewachen mußten. Da niemand genau wußte, wie ein wirklicher Drache aussah, vermischte sich das Motiv des Echsenungeheuers in den Sagen mit anderen, ursprünglich damit nicht verbundenen Erzählungen der germanischen Sagenwelt. Die Schlangenjungfrau, das Ungeheuer mit weiblichem Oberkörper, das im Wasser als Seejungfrau erscheint, findet sich immer wieder als traditionelle Schatzhüterin.

Im Jahre 1520 soll ein Mann namens Leonard in eine unterirdische Grotte bei Augst in der Nähe Basels eingedrungen sein. Er kam weiter als alle anderen vor ihm, bis er schließlich in der Mitte des Berges ein Fürstenschloß fand. Dort war „eine gar schöne Jungfrau mit menschlichem Leibe bis zum Nabel, die trug auf dem Kopf eine Krone von Gold, unten vom Nabel an war sie aber eine greuliche Schlange." Ihrem Wunsch, sie dreimal zu küssen, um sie zu erlösen, entsprach der Mann aber nicht – er fürchtete sich zu sehr.[13]

Wie viele andere Legenden hat auch diese überlebt: Im Juli 1973 soll ein ähnliches Wesen bei Aceuche in der spanischen Provinz Cáceres gesehen worden sein. Einige Frauen, die die „monströse Schlange" beobachteten, erklärten, sie hätte nicht nur einen gewaltigen Reptilkörper gehabt, sondern auch „den Kopf eines Kleinkindes mit einer langen Mähne".[14]

Der Tatzelwurm

Der Tatzelwurm ist der am besten dokumentierte Drache Europas. Über ihn sind zahlreiche Artikel in wissenschaftlichen Zeitschriften erschienen, eine Liste mit etwa 50 Beobachtungen wurde veröffentlicht.[15] Zusätzlich gibt es mindestens noch ein-

mal die gleiche Zahl an Beobachtungen in verschiedenen Alpen-
magazinen und den Werken der modernen Ungeheuerforscher,
der Kryptozoologen.

Conrad Gesner macht in seinem *Schlangenbuch* die Alpen als
Hauptverbreitungsgebiet der Lindwürmer aus. Drachen haben,
schreibt er, „auch in unserem Alpengebirg gewohnet. Denn
wiewol die Alpen mit sättem Schnee befeuchtiget werden / haben sie doch an vilen orten jre Felsen und hölinen gegen mittag
/ der Sonnen gantz entgegen gekehrt. Da der Tracken wohnung
mehrteils in den hölen der felsen so gegen der Sonnen hitz ligen
/ daran sie sich offt erwermen."[16]

Neben dem Zoologen Johann Jakob Scheuchzer waren immer wieder Naturforscher von der Existenz des Tatzelwurms
überzeugt.[17] 1814 schrieb der Berner Naturforscher Samuel
Studer: „Von Unterseen weg bis auf die Grimsel und bis gegen
Gadmen hin herrscht der beynahe allgemeine Glaube, dass zuweilen nach einer schwülen Hitze, und wenn sich das Wetter
bald zu ändern droht, sich eine Art von Schlange mit einem fast
runden Kopf, ungefähr wie ein Katzenkopf, und mit kurzen
Füssen sehen lasse, welche die Einwohner, denen eine Schlange
überhaupt ein Wurm, und ein kurzer dicker Fuss ein Stollen
heißt, daher auch ‚Stollenwürmer' heissen." Studer war der Ansicht, der Drache existiere wirklich, und setzte durch die *Natur-
forschende Gesellschaft Bern* eine Belohnung von drei Louis
d'Or „für den ersten lebendigen oder todten, grossen oder kleinen, wahren Stollenwurm" aus. Ohne Erfolg.[18]

Studer befindet sich in guter Gesellschaft mit bekannten Biologen wie Ingo Krumbiegel oder dem Magazin *Kosmos,* das in
den 30er Jahren eine Umfrage zum Tatzelwurmproblem startte-
te. 1934 suchte sogar eine Expedition nach dem Tier, doch bis
auf ein gefälschtes Foto konnten auch sie keine Beweise vorle-
gen.

Auch wenn der Tatzelwurm heute aus den Schlagzeilen verschwunden ist, wird er dennoch gesichtet. 1950 sahen verschiedene Leute einen Drachen im Jura,[19] Anfang der 80er Jahre
sammelte François Muller aus Lausanne Beobachtungen aus
Südtirol, wo, so vermutet er, das Wesen sein letztes Rückzugs-

Abb. 10: Der Tatzelwurm, der Jean Tinner im Jahre 1711 begegnet sein soll. Illustration aus dem „Itinera per Helvetia" von Johann Jakob Scheuchzer, 1723.

gebiet habe, 1948 und 1968 wurde das Tier in den französischen Alpen gesehen,[20] und um 1984 tauchte eines bei Aosta auf.[21] Mehrfache Hinweise gab es 1963 bei Udine.

Der Tatzelwurm wird als reptil- oder salamanderartiges Geschöpf von 30 Zentimetern bis einem Meter Länge geschildert, mit einem, zwei oder sechs Pfotenpaaren, und manchmal auch ohne Beine; er ist mal geschuppt, mal behaart, das Gesicht ähnelt dem einer Schlange, in den meisten Fällen allerdings dem eines Säugetieres. Der Katzenkopf wird etwa in einem Drittel der Sichtungen erwähnt. Hier verrät sich schon, daß der Tatzelwurm viel mit der alten Drachentradition zu tun hat, daß scheinbar naturalistische Details wie der Katzenkopf im Grunde Sagenmotive sind und daß das von Studer beobachtete Verhalten kurz vor Wetterwechseln eher auf die alten Naturmythen, denn auf das wirkliche Verhalten eines biologisch realen Lebewesens zurückgeht.

Zwei sehr frühe Drachensichtungen hat der Schweizer Naturforscher Johann Jakob Wagner (1641–1695) aufgezeichnet; ihn zitiert Johann Jakob Scheuchzer in seiner Naturgeschichte der Schweiz, die, reich mit Stichen bebildert, 1723 veröffentlicht wurde. Obwohl Scheuchzer keine Bedenken hatte, ein von ihm entdecktes fossiles Riesensalamanderskelett zu einem in der Sintflut ertrunkenen Urmenschen zu machen, sind seine Drachenschilderungen erstaunlich nüchtern. So soll im April 1711 ein gewisser Jean Tinner bei Hauwelen beim Frumsemberg auf eine riesige Schlange getroffen sein, die ihren Kopf hoch über dem zu einer Spirale geringelten Körper getragen habe. „Die Farbe war gemischt grau und schwarz. Ihre Länge betrug mindestens zwei Meter, ihr Kopf glich dem einer Katze ... Er verwundete sie mit einem Musketenschuß und erlegte sie schließlich mit der Hilfe seines Vaters Thomas Tinner. Er gab noch an, daß, bevor die Schlange erlegt worden war, die Bauern der Umgebung sich beklagt hätten, ihre Kühe gäben keine Milch mehr, so als seien sie schon gemolken worden; niemand wußte, was die Ursache war, jedenfalls war das Übel mit dem Tod der Schlange vorüber.“[22]

Natürlich könnten Vater und Sohn eine aus einer Menagerie entglittene exotische Schlange getötet haben, doch die traditionellen Sagenmotive sind auch hier wieder anzutreffen: Drachen mit Katzenkopf und Schlangen, die Kühe melken. Auf Scheuchzers Stich ist die Schlange genau abgebildet, der Kopf jedoch ähnelt dem eines Affen.

Andreas Roduner aus Altsax will 1660 auf dem Wangsberg einem Drachen begegnet sein, der sich von Scheuchzers erstem Exemplar unterschied. „Er war von furchterregender Größe, und stellte sich, sobald er Roduner bemerkte, auf seine Hinterfüße und war in dieser Lage so groß wie ein Mensch. Sein Körper war mit rauhen Schuppen bedeckt. Er hatte vier Füße, einen Kamm auf dem Rücken, Ohren, einen sehr langen Schwanz und das Antlitz einer Katze. Sein Bauch war zwischen den Füßen voller Falten und mit starrem Haar wie ein Wildschwein bedeckt. Die beiden Reisenden konnten sich in Sicherheit bringen."[23] Das klingt schon eher nach einem Tatzelwurm. Scheuchzer fügt noch eine dritte alpine Drachensorte hinzu: eine dinosaurierartige Bestie mit zwei Beinen.

Noch heute werden in Italien und Spanien regelmäßig Rieseneidechsen mit Säugetierköpfen, Schuppen und borstigem Fell gesehen. Der Mini-Saurier, der im Juli 1981 bei Cosenza in Italien auftauchte, war vierfüßig und eidechsenförmig, bis auf den kastenartigen Kopf und das „lange Fell". Das Tier soll in einem Weinberg gesichtet worden sein.[24] Auch die französischen Sagen vom „Dard" beschreiben eine Art Tatzelwurm.[25]

Nicht immer verliefen Begegnungen zwischen Menschen und Tatzelwürmern glimpflich. Das „Springwurmmarterl" aus Unken bei Lofer zeigt Hans Fuchs, der 1779 „von Springwürmern verfolgt" sein Leben lassen mußte – vielleicht durch einen Herzschlag. Auf dem Marterl sind zwei große Eidechsen mit glatter Haut und vier Beinen mit jeweils drei Zehen abgebildet, die eher riesigen Salamandern als Drachen gleichen. Ihre Größe mag etwa zwei Meter betragen, und eines der beiden abgebildeten Exemplare wirkt fett und wohlgenährt.[26]

Manchmal war auch das Monstrum das Opfer. Ein Südtiroler Bauer berichtete 1932 dem *Kosmos*: „Mein Vater sammelte wie gewöhnlich im Anger Laubstreu und breitete sie zum Trocknen daheim auf der Tenne aus. Dabei merkte er, daß etwas Schweres zu Boden fiel, und es kam ein Wurm zum Vorschein. Dieser war schon im Winterschlaf, da es schon Spätherbst war. Man konnte ihn mit beiden Händen noch umspannen. Der Kopf war katzenartig, eigentlicher Schwanz war keiner, der Hinterteil war wie abgehackt. Die Haut war gleich der eines Engerlings, nur schmutzigweiß, sonst aber auch so nackt. Von Füßen hat man nichts gesehen. Als er sich dann in der Wärme zu rühren begann, haben sie ihn mit einem Stock erschlagen, wobei eine

Menge grüner Flüssigkeit aus dem Maul geronnen sei, das sie als Gift aufbewahrten und verwendeten."[27]

In einem anderen Fall soll das Gerippe eines verendeten Tatzelwurms gefunden worden sein. Zwei Zeugen waren im oberen Murtal unterwegs, als sie „ein etwa 1 ½ Meter langes Skelett eines eidechsenartigen Tieres, das aber nur Vorderbeine hatte, in noch zusammenhängendem Zustande" fanden.

30 Jahre vorher hatte ein Bauer auf der Suche nach verirrten Schafen in der Gegend einen Bergstutz, wie das Tier dort genannt wird, gesehen. Er will ihm bis auf zehn Meter nahegekommen sein. Das Tier war mindestens einen Meter lang, „der Kopf wie ungefähr der einer Katze, nur weitmaulig, Farbe wie bei einer Kröte oder Eidechse, unbehaart, aber größere Schuppen oder Platten und ganz sicher keine Hinterfüße". Das Tier pfiff ähnlich wie ein Murmeltier – auch das wird einstimmig überall in den Alpen berichtet – und wollte den Bauern angreifen, der das Weite suchte. 1926 sah ein Hirtenbube dort, wo das Skelett entdeckt worden war, ein zwei Meter langes Ungeheuer. Der Zwölfjährige weigerte sich den ganzen Sommer lang, noch einmal zu dem Ort zu gehen – so erschrocken war er.[28]

Trotz mehrerer Drachentötungen und einem toten Wurm gibt es keine Überreste des Monsters in einem Museum, die Augenzeugenberichte sind alles, was vorliegt.

Im Gegensatz zu den Drachen des Murtales ist der gewöhnliche Stoll-, Tatzel- oder Haselwurm, der auch Bergstutz und Stork genannt wird, nur 60 bis 80 Zentimeter lang. Der kleinste Tatzelwurm wurde Ende April 1929 von dem Lehrer F. R. im österreichischen Steyrtal beobachtet. Der Zeuge schickte einen Brief an eine Tageszeitung, in der er sein Erlebnis sehr anschaulich schilderte: Ihm wurde erzählt, „daß in der Tempelmauer (eine Felsformation; d. A.) am Landsberg der Zugang zu einer Eishöhle sein soll", und er „wollte dieser Behauptung auf den Grund gehen. Gut ausgerüstet machte ich mich an einem Frühlingsmorgen auf den Weg und erreichte schließlich nach kurzer Kletterei den Gipfel. Da sah ich plötzlich im vermoderten, feuchten Laub ein schlangenähnliches Tier liegen. Seine Haut war beinahe weiß, nicht mit Schuppen bedeckt, sondern glatt, der Kopf flachgedrückt, und an der Brust waren zwei Fußstummel sichtbar. Freudig erregt, aber auch von einem gewissen Angstgefühle befangen, wollte ich nach dem Tiere greifen, aber ich kam zu spät. Flink wie eine Eidechse verschwand es in einem großen Loch. Ich war bestimmt nicht von der Phantasie beeinflußt und beobachtete mit klaren Augen. Mein Tatzelwurm hatte auch keine mächtigen Tatzen, sondern nur Fußstummeln; er war auch nur 40 bis 45 Zentimeter lang. Es dürfte sich um eine selten vorkommende Molchart handeln. Am ehesten glich er einer dicken Blindschleiche."[29]

Dackelgroß war der Tatzelwurm, den der Königliche Förster Santner 1886 bei Ruhpolding sah: „Als ich auf einem Baumstrunk im Walde stehend, auf einen Rehbock blattete, kroch unter dem Strunke ein Tier hervor, das nach etwa einer Minute im ganz naheliegenden Walddickicht verschwand. Es hatte eine graue Farbe, ohne Haare, einen kurzen breiten Kopf und kurzen Schwanz und die Größe eines Zwergdackels. Es war sehr nieder gestellt und verschwand in schnellster Bewegung in kürzester Zeit."[30]

In einigen Gegenden der Alpen heißt das Tier Springwurm, weil es, nach einer kurzen Warnung durch schrille Pfiffe, Menschen und Tiere in großen, meterweiten Sprüngen anfallen soll. Auch das klingt nach Märchen, doch es gibt Augenzeugen, die es selbst erlebt haben wollen. Im Sommer 1921 wollten der Hotelpförtner J. B. und sein Jagdkamerad auf einer Alp bei Rauris wildern gehen: „Mit gutem Wind stiegen sie in der Nähe der Pochhartscharte (2238 m) bergan, als sie auf weitere Entfernung eine Gemse pfeifen hörten, was den Wilderer, eben wegen des guten Gegenwindes, sehr verwunderte. Doch bald stellte er fest, daß es keine Gams, sondern ein anderes Tier sein müsse, das so eigenartig pfiff, und sie stiegen dem Schall nach. Nach einiger Zeit gewahrten sie auf einem Felsblock ein Tier, das sie mit ‚erschreckend scharfem, hypnotisierendem Blick' anstarrte. Des Wilderers Stutzen flog an die Backe, der Schuß krachte, in diesem Augenblick aber schnellte das Tier in einem mächtigen Bogen von etwa drei Metern Höhe und acht Metern Länge gegen die beiden. Nach des Schützen Meinung war es etwa 60 bis 80 Zentimeter lang und gut armdick, Kopf wie der einer Katze, faustgroß, ohne sichtbare Halsverjüngung gleichmäßig in den dicken, walzenförmigen Körper übergehend. Der Schwanz ebenfalls dick und ziemlich unvermittelt spitz zugehend. Bestimmt waren am Tier nur zwei sehr kurze, seitwärts gerichtete Vorderbeine sichtbar, die sich besonders beim Sprung deutlich vom Körper abhoben. Die Farbe des Tieres war grau."[31]

Diese Aggressivität des Tatzelwurmes steht in eigenartigem Gegensatz zu den scheuen Tieren der anderen Berichte, wird aber von vielen Zeugen bestätigt. Josef Grill aus Berchtesgaden will etwa 1840, damals zwölfjährig, mit einem Kameraden auf einen „Bergstutzen" getroffen sein. Das Tier sah anders aus als alle Tiere, die dem Jungen bisher bekannt waren. Es sonnte sich auf einer Alp auf einem Geröllhaufen. „Es war fast mannesarmlang, gut mannsarmdick, in eine plötzlich abfallende, stumpfe Spitze endigend, von rötlicher Farbe und im Sonnenlichte flimmernd, wie wenns mit ‚lauter kleinen Sterndln' besäet wäre. Der Kopf war breit und gedrückt. Füße konnte er jedoch keine bemerken, d. h. er erinnert sich nicht mehr, welche gesehen zu haben. Die beiden Buben warfen nun mit Steinen nach dem Tier, worauf es sich ‚pfeilg'rad' aufrichtete – hiebei bemerkten sie, daß es einen dunkelgelben Bauch hatte – und ihnen, die sich zur Flucht gewendet hatten, in ‚zweiklafterlangen Sprüngen' nachsetzte."[32]

Michel Brandner schrieb 1894 nieder, was er Ende August 1867 bei Blinbach erlebt hatte. Seine einfache Sprache und Orthographie zeigen, daß er noch nicht allzuviel Kontakt mit der modernen Welt außerhalb der Alpen hatte: „In einem Lichteren Platz da Sah ich etwas bewegen ungefer 12–16 Schrite vor mir, ich Bücke mich das ich durch die Ladschen hinaus sehe, da sah ich das Thier aufgebeimd, gerade so das die Vorderpratzen über den Scuden, oder Albenrosen Stauden herauf schauen es war nur ein Momend das ich das Thier Sah, das Thier warf sich nach Vorwerz gegen mich, dann hab ich die Flucht ergriffen, und bin gelaufen was ich nur stark war über und unter Latschen über Stein und Geröll bis ich die Treiber Kette wieder erreicht habe, dann bin ich zum Jäger Rettenbacher gegangen und hab's ihm gesagt dann hat er mich gefragt wie das Thier ausgesehen hat, ich Sah das Thier in gebäumter Ställung nur ein Paar Sekunden, die Vorderpratzen Gleichen genau einen Salamander nur fileicht 20mal Vergrößert, der Kopf ist nicht Breid sondern eine Lange gespitzte nach Aufwertz geträte Schnauze, die Käle ist Gelblich und sonst habe ich nichts Sehen können, weil mir das Liebste war die Flucht, weil ich dem Thier ganz wehrlos gegenüber Stand."[33]

Einfacher als mit diesen simplen Worten kann der Einbruch des archaischen Monsters in die Alltagswelt nicht beschrieben werden. Neben gelben, weißen und roten Würmern begegnen die Zeugen auch solchen mit vier und solchen mit zwei Beinen. Neben den bösartigen muß es aber auch relativ träge oder dumme oder friedliche gegeben haben. In Tirol, wo man das Tier Murbl nannte, berichtete der Totengräber Fleckinger aus St. Nikolaus, der selbst um 1850 auf der Atzleralpe einen Murbl gesehen hatte, daß „die Murbl in früheren Zeiten erschossen wurden und das Fett davon gut zu gebrauchen war".[34] Diese Alltäglichkeit, die noch das Benutzen des Wurmgiftes durch andere Tatzelwurmschlächter an reinem Pragmatismus übertrifft, ordnet den aggressiven Drachen der wirtschaftlichen Nutzung durch den Menschen zu. Wenn aber die Viecher so alltäglich waren, daß man ihr Fett kochte – warum gibt es dann bis heute keine Zeugnisse von ihnen? Und warum wußte niemand so recht, wie sie aussahen?

Aussiedler des 18. Jahrhunderts aus der Steiermark sahen „in den südlichen Ausläufern der Transylvanischen Alpen, besonders im gebirgigen Banat", in ihrer neuen Heimat also, Tatzelwürmer – ein Dutzend Beobachtungen bis zum Ende des 19. Jahrhunderts wurden gesammelt. Der Haselwurm wird kaum im Gepäck der Siedler mitgereist sein, es sei denn, sie mochten auf sein Fett nicht verzichten – es war die Sage, die aus dem Alpenraum mitgenommen wurde. Wenn nun nach einigen 100 Jahren auch von Rumänen, Serben und Zigeunern – sie nannten das Tier Smuch, die Steirer Heuwurm – Sichtungen gemeldet wurden, dann könnte es sich beim ursprünglichen

Alpenungeheuer ebenso nur um eine Sage handeln.[35] Obwohl immer wieder von toten Tatzelwürmern berichtet wird – ein Jäger in Puchenstuben in Niederösterreich soll etwa 1850 einen „an einem Baume in Fetzen geschossen haben" –, fehlt nach wie vor ein Beweis, denn der besagte Jäger hat „die Stücke leider nicht aufgehoben".[36] Als ein Lindwurm 1870 ein Mädchen und zwei Metzger im Stubaital erschreckte, zog eine Gruppe Bewaffneter aus, um das Ungetüm zu erlegen – doch was den Zeugen vergönnt war, blieb den Jägern vorenthalten: Sie konnten das Tier nicht auftreiben.[37]

Der Stubaier Lindwurm soll drei Köpfe gehabt haben – da kann es nicht verwundern, wenn ein Tatzelwurm gesehen wird, der statt der üblichen zwei oder vier Beine mehrere Beinpaare hat. Diese Kreatur wurde von einem Bergmann und Landwirt im Sommer 1881 bei Mitterndorf im Salzkammergut in 900 bis 1000 Metern Höhe gesichtet: „Plötzlich bemerkte ich auf einem kleinen Felsen, der kaum ½ Meter, in gleicher Höhe wie mein Kopf, von mir entfernt war, im Weidegras zusammengerollt, ein graues Tier liegen .... (Da) rollte sich das Tier, das mich ebenfalls gewahrte, auf und kroch langsam in eine kleine dicht danebenliegende Höhle. Mein Kamerad rief: ‚Flieh, ein Birigstutzen!' Ich hätte aber gar nicht fliehen können, weil neben mir eine kleine Felswand abfiel und hinter mir der Kamerad den Weg versperrte. Das Tier hätte mir damals ganz leicht an den Hals springen können, so nahe war ich der fußbreiten Felsenstelle, wo es lag. Mein Kamerad erzählte unser Erlebnis dem Förster, der mir dann sagte, daß ich mir 150 Gulden verdienen könnte, wenn ich ihn lebend und 100 Gulden, wenn ich ihn tot bringe. Ich machte mir eine Holzgabel und hielt, bei schönem Wetter acht Tage hindurch, zeitweise oberhalb der Höhle Vorpaß, doch ohne Erfolg. Dann kamen wir an eine andere Arbeitsstelle." Der „Bergstutzen" war etwa 60 Zentimeter lang, dick wie ein Unterarm mit gleichmäßig starkem Körper und einem stumpfen, abgestutzten Schwanzende. Die Haut soll einfarbig grau gewesen sein wie bei einer Ringelnatter. „Vorne war deutlich ein kurzes kräftiges Beinpaar von etwa 2½ Zentimetern, etwa wie bei einem Dachshund sichtbar, hinten hatte der

Bergstutzen zwei bis drei Beinpaare."[39] Vielleicht hätte ein Foto die Konfusion um das Aussehen des Tatzelwurms mildern können, doch die einzige bisher vorgelegte Aufnahme, angeblich Ende 1934 bei Meiringen in der Schweiz von einem Herrn Balkin aufgenommen, zeigt eine Porzellanfigur, die mit groben Schuppen, Augen und Nasenlöchern bemalt ist. Abgedruckt wurde der „Beweis" 1935 in der *Berliner Illustrierten Zeitung;* sie schickte damals, um Deutschland einen Abglanz von Loch Ness zu verschaffen, eine Expedition für eine Exklusivberichterstattung in mehrere Alpengegenden. Wie immer blieb auch diese Expedition erfolglos.

Im Sommer 1963 soll ein Tatzelwurm mehrere Male in der Nähe von Udine in Oberitalien erschienen sein – in Gestalt einer vier Meter langen Schlange mit einem Kopf von der Größe eines Kinderkopfes und einem telegrafenstangengroßen Körper. Die Schlange lebte in einem Erdloch und wurde von einer kleineren Pilotschlange begleitet. Bevor sie erschien, ertönte ein charakteristischer hoher Pfiff. Antonio Toffoli, der in die Rolle des Drachentöters schlüpfen wollte, wurde von dem plötzlich auftauchenden Monster so erschreckt, daß er um sein Leben lief. Mit diesem wirklich gigantischen Monster verabschiedete sich der Tatzelwurm, von gelegentlichen jüngeren Ausflügen abgesehen, vorerst aus den Medien.[39]

Die multikausale Geburt des Tatzelwurms

Aus den etwa 80 Augenzeugenberichten, die bisher gesammelt wurden, geht eindeutig hervor, daß der Tatzelwurm zwischen 45 Zentimetern und vier Metern groß ist, mit einem Durchmesser von 60 bis 80 Zentimetern; seine Haut ist warzig, schuppig, glatt, pelzig, borstig oder mit Knochenplatten bedeckt. Sein Kopf gleicht dem eines Molches, eines Salamanders, einer Eidechse, einer Katze oder einer Schlange. Der Tatzelwurm hat nur zwei, manchmal vier, zuweilen acht Beine. Die Farbe ist weiß, grau, gelblich, gelbschwarz gefleckt wie ein Salamander, braun, grün oder rot. Auf dem Rücken befindet sich eine Art Kamm, einige Borsten oder auch keine Protuberanz. Entweder greift er die Augenzeugen sofort an und springt aus mehreren Metern Entfernung auf sie zu, oder aber er verschwindet sofort im Laub und versteckt sich; er ist scheu und aggressiv zugleich, er pfeift und ist stumm, sein Biß ist hochgiftig, aber sein Fett ist im Hause gut zu gebrauchen.

Es ist nicht einfach, diese zahlreichen, sich widersprechenden Angaben in Einklang zu bringen; es ist praktisch unmöglich, ein Phantombild eines Wesens zu erstellen, das zwar eindeutig ein Wirbeltier ist, aber trotzdem drei Paar Hinterfüße hat. Der erste Naturforscher, der nach den klassischen Gelehrten Cysat, Kircher und Scheuchzer Tatzelwurmberichte sammelte, der österreichische Biologe Dr. Jacob Nicolussi, identifizierte den Tatzelwurm – wohl hauptsächlich wegen seiner angeblichen Giftigkeit – als europäische Variante des mexikanischen Gilamonsters und nannte ihn optimistisch *Heloderma europaeum*, „europäisches Krustentier", weil er sich sicher war, daß früher oder später ein Tatzelwurm gefangen würde. Vor Jahren schien mir das sogar möglich, und ich schlug in einem Magazinbeitrag vor, den Tatzelwurm als europäischen Vertreter der Riesensalamander zu identifizieren. Das molchartige Aussehen, die häufigen Vergleiche mit Salamandern, das generelle Aussehen: Alles stimmte mit dem japanischen Riesensalamander überein. Problematisch ist nur, daß Riesensalamander träge Tiere sind, die niemals aggressiv Leute anspringen könnten. Und obwohl die Salamandertheorie das statistische Mittel aus den Tatzelwurmberichten ergibt, trifft sie keinen einzelnen Bericht genau.[40]

Klaus Gross schlug 1983 in einem Leserbrief an die Zeitschrift *Kosmos* vor, es handle sich bei dem Tatzelwurm möglicherweise um die italienische Perleidechse *Lucertola ocellata*, die in Ligurien heimisch sei und eine Länge von 90 Zentimetern erreichen könne. „Wanderer, die das Glück haben, diesem Tier zu begegnen, sind oft von der Größe erschreckt und berichten dann in den Lokalzeitungen von der Begegnung mit einem ‚Drachen' oder ‚Saurier'." Vielleicht habe es früher in den Alpen ebenfalls Perleidechsen gegeben, die die Leute für Ungeheuer hielten.[41] Jedoch: Die von Tatzelwürmern gemeldeten Größen können sich kaum auf eine Eidechsenart beziehen, denn bei den meisten Sichtungen wird ein kaum sichtbarer Schwanz erwähnt – und der lange, schlanke Schwanz macht mindestens die Häfte der 90 Zentimeter langen Perleidechse aus.

Das Phänomen dürfte nicht eine biologische, sondern eine kulturelle Erklärung finden. Früher bevölkerte man Berge, Wälder, Höhlen und Wildnisse mit Ungeheuern, die, so der Soziologe Claude Lévi-Strauss, „die Grenze zwischen Zivilisation und Wildnis" hüteten. In den Alpen hielt sich diese Vorstellung, wie Cysats und Scheuchzers Berichte zeigen, noch länger als im übrigen Mitteleuropa: Einerseits verschlossen sich die steilen Gipfel erfolgreicher als andere Gegenden der Erforschung, andererseits fanden die Alpenbewohner häufig große Knochen in den Höhlen. Die Fossilien von Höhlenbären schufen und nährten den Mythos vom mächtigen Wetterdrachen, der Sturzbäche und Wetterumschwünge verursacht.

Das Zusammentreffen bestimmter Faktoren schuf die Voraussetzungen zur Entstehung der modernen Tatzelwurmsaga. Traf jemand im 19. und frühen 20. Jahrhundert auf ein Tier, das er – weil die Sichtung nur von kurzer Dauer oder das Tier durch Laub und Bäume teilweise verdeckt oder durch Krankheit entstellt war – nicht identifizieren konnte, deutete er es als Tatzelwurm. Schlangen, Blindschleichen, Wiesel, Marder, Salamander als gelb-schwarz gefleckte Tiere, Molche, Fischotter und Murmeltiere können sich dahinter verborgen haben; die Vielfalt in der Beschreibung des Tatzelwurms hat hierin ihre Ursache. In die tatsächlichen Beobachtungen mischte sich mythologisches Material – etwa der Katzenkopf, der giftige Biß, das Anspringen, der große schlangenförmige Leib. Vielleicht sah ein Zeuge den Kopf des Tieres nur ungenau, aber schließlich wußte jedes Kind, daß der Drache einen Katzenkopf hat. Die eigene Beobachtung wurde dem mythologischen Muster angepaßt, das Erlebte mit der bekannten Sage assimiliert.

Ein ähnlicher Prozeß findet statt, wenn Menschen einen auseinanderbrechenden Meteoren sehen und ihn als Ufo mit erleuchteten Fenstern beschreiben: Die Beobachtung wird mit der Klischeevorstellung von der fliegenden Untertasse verbunden, damit die Geschichte in Worte gefaßt werden kann. So werden auch dunkle Schatten auf der Oberfläche des Loch Ness, die vom Wind erzeugt worden sind, zu „Höckern" eines Dinosauriers – weil jeder Schottlandtourist weiß, daß Nessie Höcker hat. Der Tatzelwurm ist ein kulturelles Monster, ein Drache der Fauna des Geistes.

2. Unbekannte Welten

Kobolde und Riesen

Die Brüder eines Trierer Klosters staunten im Jahre 1138 nicht schlecht, als sie nach der Ursache eines Rumpelns im Keller suchten: Dort stand ein kleines Männlein mit dunkler Haut und grimmigem Aussehen. Gervase von Tilbury, ein Geschichtsschreiber des englischen Mittelalters, der die Geschichte aufgezeichnet hat, berichtet, daß die Mönche der Abtei Brunia sich beherzt auf das Männlein stürzten und es festhielten. Sie stellten fest, daß es aus einem Erdtunnel gekommen war, der aus unbekannter Tiefe in den Keller führte. Offenbar litt das Männlein unter seiner Gefangenschaft: „Er saß einfach nur mit gekreuzten Beinen da", berichtet Gervase, „starrte vor sich hin und weigerte sich zu essen." Der Gefangene wurde den Mönchen mit der Zeit unheimlich, und so ernannte der Bischof einen Exorzisten, der heilige Worte sprach und den Kobold zurück in seinen Tunnel trieb.[1]

Will man den mittelalterlichen Chroniken glauben, dann lebten unsere Vorfahren nicht alleine: Eine ältere, magisch und technisch versierte Rasse, die aus Elfen, Feen und Kobolden bestand, teilte das Land mit ihnen. Man trieb Handel, tauschte Dolmetscher aus, doch richtig Zutrauen zu den kleinen Wesen faßten die Menschen nie – vielleicht, weil diese Wesen Menschen mit ihrer Musik becircen und verhexen konnten und weil sie Jungfrauen entführten, die sie schwängerten. In den Märchen ist noch etwas von der Mischung aus Respekt und Angst zu spüren, die man „den kleinen Leuten" entgegenbrachte: etwa dem Rumpelstilzchen, das zwar aus Heu Gold spinnen kann, dafür aber die Jungfrau zum Lohn haben will.

Kobolde waren, wenn sie gerecht entlohnt wurden, sehr hilfreich, wenn auch unberechenbar und häufig hinterhältig. Wer mit ihnen Umgang hatte, mußte sich an komplizierte und zumeist unlogische Regeln halten. Wurde nur das kleinste Tabu verletzt, zogen sich die Helfer zurück, wie die Kölner Heinzelmännchen, oder sie rächten sich bitter, indem sie Vieh und Kinder des Menschen, der ihnen Leid zugefügt hatte, mit Seuchen schlugen oder erdrosselten. Unsere Vorfahren hatten vor den Kobolden Respekt und kannten viele der Regeln – zum Beispiel nie einen Koboldhügel zu betreten, in dem Musik spielt, Geschenke von Kobolden gut aufzuheben und nie zu versuchen, einen Kobold zu betrügen.

Wie alltäglich der Kontakt mit Kobolden war, den heutige Historiker aus den Geschichtsbüchern gestrichen haben wie vor kurzem noch den Hexenwahn, belegen Beispiele aus dem 17. Jahrhundert. Im Februar 1685 zeigte ein weißgekleidetes Männlein, das offenbar gutgesinnt war, einem Mädchen eine Stelle, an der ein Silberschatz vergraben lag.[2] Das ist ein Merkmal der „kleinen Leute": Sie können die Zukunft vorhersagen und wissen, wo Schätze verborgen sind. Daher kam die Vorstellung, Zwerge arbeiteten in Bergwerken, das Mineral Kobalt erhielt den Namen wegen seiner Farbe, die die Bergarbeiter an die blauen Anzüge der Zwerge erinnerte. 1635 traf der ungehobelte Hans Krepel bei Saalfeld in Österreich auf ein „Moosfräulein", das ihn um Hilfe bat. Er lachte sie aus und wurde kurz danach schwer krank; als er tat, was die Zwergin von ihm verlangte, wurde er wieder geheilt.[3]

Gewitzter verhielt sich Kurfürst Johann Georg I., als er am 18. August 1644 bei Chemnitz eine Koboldin von einer Elle Höhe fing. Sie hatte ein menschliches Gesicht und glatte Hände und Füße, obwohl der restliche Körper sehr rauh war. Sie weissagte dem Kurfürsten kommenden Frieden, und er ließ sie laufen. 25 Jahre später wurde am gleichen Ort erneut ein Zwerg gesehen.[4]

1664 begegnete ein Hirtenjunge einem Erdmännlein bei Dresden. Der Kobold zog ins Haus eines Nachbarn ein und fiel unangenehm auf, weil er das Heim als Poltergeist gehörig in Unordnung brachte.[5] Es scheint damals nicht ungewöhnlich für die Menschen gewesen zu sein, sich einen Kobold in der Stadt vorzustellen. 1665 kam ein Kobold aus dem Keller eines Hauses in Lützen gerannt, kniete sich auf der Straße nieder und betete, nachdem er einen Eimer mit Wasser ausgeschüttet hatte. Dann verschwand er, wie der Trierer Zwerg, wieder in seinem Tunnel. Kurz darauf brannte die Stadt nieder, nur das Haus des Kobolds wurde verschont.[6] Dieser Kobold war ungewöhnlicherweise fromm – meist galten Kobolde als Heiden oder auch als gefallene Engel, die nach einer Seele lechzten. Als „Aufhokker" zeigten sich die Wesen von ihrer bösartigen Seite; wie Kinder scheinen sie nicht zwischen Gut und Böse unterschieden zu haben. Sie waren stärker als Menschen, und ihrem Willen mußten alle weichen. Ein kleiner Mann mit einem grauen Bart setzte sich im März 1669 ins Genick eines Bauern und zwang ihn, ihn eine Weile zu tragen. Der Mann wurde darauf sehr krank und starb innerhalb von zehn Tagen.[7] Manchmal stahlen Kobolde Menschenkinder und tauschten sie gegen ihre eigenen Mißgeburten aus – die sogenannten Wechselbälger. Eine „Erdfrau" schlich sich 1662 in ein Haus in Saalfeld, um dort ein Baby zu entführen.[8]

Ganz verschwunden sind die Kobolde noch nicht: Gegen Ende der 30er Jahre wurde ein 50 Zentimeter hoher Zwerg mit blauer Haut in der Höhle von Semriach, etwa 20 Kilometer nordöstlich von Graz in der Steiermark, gesichtet.[9] Tatsächlich sind diese seltsamen Wesen noch immer unter uns, sogar weitaus zahlreicher, als man angesichts dieser alten Geschichten vermuten mag. Elfen, Zwerge und Kobolde lebten in prähistorischen Erdbauten oder in Felsbrocken, wenn sie nicht als Poltergeister in Häuser zogen. Die vorgeschichtlichen Grabhügel, in denen Zwerge wohnten, waren innen hell erleuchtet, mit einer Säule in der Mitte. Einmal im Jahr standen sie offen, dann drang Musik aus ihnen, und jeder, der sich zu einem Tanz hineinwagte, mußte dort bleiben und konnte erst nach zehn oder manchmal 100 Jahren wieder in die Welt der Sterblichen zurückkehren.

Ein großes Grabhügelfeld der Bronzezeit liegt bei Wörth in der Pfalz an der französischen Grenze. Die Hügel sind von „Erdmännlein" bewohnt, die noch 1858 beschrieben wurden:

„Es sind harmlose Wesen, die in unserer bedrängten Zeit den Armen der Gegend manche reiche Wohltat erzeigen. So viel ist gewiß, daß an den Sandhügeln von den armen Fischern Wörths öfters ein kleines gnomenhaftes Männlein mit langem weißen Bart, einem großen Hut auf dem Kopfe, auf dem ein weißer Handschuh befestigt ist, mit einem mächtigen Schwerte an der Seite, in seltsamer Tracht gesehen wurde, und daß, wenn die Leute ihre Fische in dort abgestellte Körbe legen, sie den anderen Tag dafür den reichlichen Lohn in denselben finden."[10] Feurige Männer sollen ebenfalls bei Wörth spuken: Wenn jemand den Frevel begeht und einen der Hügel öffnet, erscheinen sie und führen den Frevler in den Sumpf, wo er ertrinken wird. Es ist allerdings möglich, daß die „Erdmännlein" von einem Dichter erfunden wurden, wie ein Heimatforscher herausgefunden hat. Zumindest ist ein Auftreten der Kobolde im September 1629 wahrscheinlich fiktiv.

Andere Kobolde wohnten in Steinen und Felsbrocken. Sahen ihre Heime gemeinhin wie natürliche Klötze aus, so konnte man in bestimmten Nächten oder unter dem Einfluß halluzinogener Pilze und in Trance Fenster, Türen und Treppen darin erkennen. Einmal, so berichten die Gebrüder Grimm, sind die Bewohner von Naila, zwischen Selbitz und Marlesreuth, einer solchen Zwergenwohnung mit archäologischen Methoden nachgegangen. Nahe beim Ort befand sich das „Zwergenloch", in dem bis zum 17. Jahrhundert ein Kobold wohnte. Die Anrainer versorgten den Kobold mit Brot und Nahrungsmitteln, doch eines Tages war er verschwunden: Der Lärm der aufkeimenden Industrialisierung hatte die Elementargeister aus der Gegend vertrieben. Was wie eine schöne Metapher klingt, soll, Chroniken des 17. Jahrhunderts zufolge, tatsächlich passiert sein; Burschen aus dem Dorf gruben das Zwergenloch aus, in den Fels gegraben fanden sie eine enge Kammer mit winzigen Stühlen.[11]

Noch im 19. Jahrhundert wollte der Schweizer Prähistoriker Professor Julius Kollmann (1834–1918) bei Schaffhausen fünf Gräber von Zwergen entdeckt haben. Er stellte die auch von Folkloreforschern zu Anfang dieses Jahrhunderts vertretene

These auf, daß die Kobolde in Wirklichkeit die Ureinwohner Europas waren, dunkelhäutige Pygmäen. „Ich vermute", schreibt die Sagenforscherin Elisabeth Andrews, „daß zumindest in Irland und in der Schweiz diese Zwergenrasse bis in christliche Zeiten überdauert hat."[12]

Aus der Schweiz stammt ein Bericht aus dem letzten Jahrhundert, der sehr aufschlußreich ist, will man die Koboldproblematik verstehen. Wie so oft bei fortianischen Phänomenen überzeugt weder die Erklärung, es habe nie Kobolde gegeben, noch die These von einer zweiten Spezies Mensch mitten in Europa. Zwischen 1823 und 1826 ließen mehrere Berner Pfarrer ein „Zirkularbuch" im Kreise gehen, in das jeder der Priester folkloristische Geschichten und Sagen eintrug, die er gehört hatte und für die er sich verbürgen konnte. Einer der Einträge handelt von der Herkunft der Kobolde: „Cramer versichert, der Glaube an Bergmännchen sterbe allmählich aus. Ich will dies keineswegs in Abrede stellen, aber ihn doch erinnern, daß mich vor noch nicht langer Zeit, als ich in einem gewissen Pfarrhaus über die Sage von diesen Männchen lachte, der Herr Pfarrer – sage der Herr Pfarrer – mit ernster Miene zurückwies und behauptete, er habe einen Dekan gekannt, welcher selbst solche Wesen gesehen und gesprochen habe, und daß darauf berichtet ward, sie seien eigentlich Bewohner des Mondes."[13]

Ursprünglich waren Kobolde Berg- oder Erdgeister, das heißt personifizierte Naturkräfte. Es gab Kobolde in jedem Haus; wurde ihre Ordnung gestört, wurden sie zu Poltergeistern. Als der Glaube an Kobolde allmählich ausstarb, weil die Gnome von Hexenjägern und Aufklärern gleichermaßen verteufelt wurden, vermutete man Kobolde nur noch in fernen, unbegehbaren Gegenden, auf hohen Bergen und in abgrundtiefen Seen. Wie es die Bewohner Nailas ausgedrückt hatten: Die Kobolde waren weggezogen, das Zusammenleben war beendet. Die Sage vom „Weggang der Elfen und Kobolde" gibt es in jedem europäischen Land, und meistens ist es eine traurige Erzählung. Als im Laufe des 19. Jahrhunderts nur noch einfache Menschen an Naturgeister glaubten und auch die hohen Berge erforscht waren, vermutete man die Heimat der Wesen auf dem

Mond. Als Hüter der vom Menschen noch nicht unterworfenen Natur waren sie Grenzposten zwischen Zivilisation und Wildnis, und als die Zivilisation die Berge erreichte, flohen sie fast zwangsläufig zum unerreichbaren Mond. In Schottland, Island und Irland – Regionen, in denen Industrialisierung und Aufklärung weniger zerstörerisch wirkten als in Mitteleuropa – werden Kobolde heute noch so oft gesehen wie anderswo Ufos, die aus eben jenem Weltraum zur Erde fliegen, in dem die Kobolde ihre letzte Zuflucht gesucht hatten. Und in dieser Form sind sie wieder oder immer noch bei uns.

Vier oder fünf Zwerge, etwa 1,20 Meter groß und mit hellen Anzügen bekleidet, stiegen aus einem hell strahlenden, zigarrenförmigen Flugobjekt mit erleuchteten Fenstern, das im Juni 1914 auf einem Feld bei Hamburg in der Nähe des Hauses von Bauer Herwegen landete. Der Landwirt lief neugierig auf das Ufo zu, das, nachdem sich die Männlein wieder hineinbegeben hatten, ohne Eile davonflog.[14]

Hildegard Hofmann will Mitte November 1955 bei Rosenheim in Bayern außerirdischen Zwergen begegnet sein. Sie habe gesehen, wie ein scheibenförmiger Flugkörper neben ihr am Straßenrand landete. In dem Ufo öffnete sich eine Türluke, und heraus kamen zwei kleine Männlein mit einem „40 Zentimeter langen schwertartigen Gerät" an ihren Seiten – wie die Kobolde von Wörth. Mit diesem Schwert durchtrennten sie einen Zaun, der sich zwischen ihnen und Frau Hofmann befand. Als die Frau auf die Wesen zugehen wollte, wehrten diese die Annäherung mit „Gemurmel" und erhobenem „Schwert" ab. „Es waren Menschen wie Liliputaner, ca. 110 oder 120 Zentimeter groß, in silbergrauen Raumanzügen aus einem Stück, ohne Knöpfe, ohne Reißverschlüsse; Schuhe und Fingerhandschuhe waren miteingearbeitet. Die Schuhe sahen relativ schwer aus, wie aus Metall; sie klapperten vorher die Treppe herunter. Der auch integrierte Helm hatte vorne eine durchsichtige Scheibe … und oben eine Spitze, wie das Flugobjekt." Die Zwerge sind, wie ihre Vorgänger, technisiert, aber den Standards der 50er Jahre angepaßt: Auf dem Rücken tragen sie Sauerstoffflaschen. Die Zeugin beschrieb das Ufo, das wie zwei aufeinandergelegte

Teller aussah, ähnlich den frühgeschichtlichen Grabhügeln und Dolmen, in denen die Kobolde lebten: „Im Innern sei in der Mitte ein rundes ‚Zeug' gewesen, eine Säule und Pult zu sehen und eine Art Musik zu hören gewesen."

Das ist der Elfenhügel, einmal im Jahr erleuchtet und offen für unsere Augen, weil die Kobolde musizieren. Die Außerirdischen waren auch magisch begabt, oder das Ereignis fand nur in der Vorstellung der Zeugin statt, weil es keine physikalischen Spuren hinterließ: Am nächsten Tag war der zuvor zerschnittene Zaun wieder intakt, „ohne Lötstellen".[15]

Die Kobolde erscheinen nach wie vor an den Tagen im keltischen Kalender, an denen auch die Iren und Schotten ihr Auftauchen erwarten. In der Nacht vom 31. 10. 1989 auf den 1. 11. 1989, an Allerheiligen, dem keltischen Samhain-Fest, hörte eine 25jährige Verkäuferin zwischen 23 und 24 Uhr einen seltsamen Piepston, der so laut wurde, daß sie aufstand und aus ihrem Fenster zu der gegenüberliegenden Dorfkirche von Kippenheim sah. Der Untersucher Josef Garcia faßt ihr Erlebnis zusammen: „Sie stand auf, ging zum Schlafzimmerfenster und öffnete es. Zu ihrer Überraschung sah sie ein leuchtendes Objekt bei der gegenüberliegenden Dorfkirche. Sie wagte nicht, ihren Mann aufzuwecken und legte sich wieder ins Bett. Nach einer Weile stand sie aber wieder auf und konnte jetzt fünf bis sechs Wesen erkennen. Diese waren zwischen 1,40 und 1,60 Meter groß. Sie standen in der Nähe des UFOs. Und wieder legte sie sich ins Bett. Kurze Zeit später hörte sie einen Sturm, und dann war das Objekt wieder verschwunden. Sie war sich sicher, daß sie nicht geträumt hatte. Die Zeugin schätzte die Größe des UFOs auf ca. drei Meter im Durchmesser."[16]

Josef Garcia stellte fest, daß der Landeplatz vor der Kirche durch Bäume und einen Gedenkstein so eingeengt ist, daß ein echtes Raumschiff dort kaum hätte landen können – und wenn, hätte sicher ein weiterer Dorfbewohner etwas Seltsames bemerken müssen. Allerheiligen und Allerseelen, die beiden katholischen Feste am 1. und 2. November, gehen auf Samhain zurück, das Neujahrsfest der Kelten. In der Nacht zwischen den beiden Tagen waren Menschen durch herumstreunende Geister besonders gefährdet. Der Brauch, die Kobolde mit Lärm und Feuer zu vertreiben, hat im Spektakel an Silvester überlebt. Wahrscheinlich hat die Frau Alltägliches beobachtet: Jugendliche, die mit Mofas im Kreis fuhren, oder das Anzünden von Totenkerzen zum Allerheiligenfest. Einer ihrer Verwandten war Mitglied eines Ufo-Clubs und hat möglicherweise die Erzählungen der jungen Frau beeinflußt. Was immer der Auslöser war: In der Nacht, in der die Kobolde den alten Kelten das Leben schwermachten, kehrten sie auch im 20. Jahrhundert zurück, diesmal – wir kennen ihre Spitzbübigkeit und ihre Erfindungsgabe – als Raumfahrer getarnt.

Kobolden und Wassergeistern ist gemeinsam, daß sie Frauen entführen und schwängern. Ein Kobold kehrte im November 1978 aus seinem Weltraumexil nach Trier zurück, um mit einem Gefährten eine amerikanische Familie zu entführen. Chris Owen, seine schwangere Frau Pam und Sohn Brian waren nachts unterwegs, als ein rotes ovales Flugobjekt vor ihnen auf der Straße landete. Heraus kamen zwei 75 Zentimeter große Wesen, haarlos, mit großem Kopf, großen, tiefliegenden Augen, rauher, grüner Haut und Fingern, die doppelt so lang wie die eines Menschen waren. Sie verschleppten die Familie an Bord des Ufos und stießen Pam, in der Tradition der Teufel und Dämonen des Mittelalters, eine acht Zentimeter lange Nadel in den Unterleib. Trotz dieser brutalen Behandlung übermittelten die Kobolde den von ihnen Entführten telepathisch die Botschaft, sie würden ihnen nichts tun. Ufo-Fanatiker schließen aus der Folter mit der langen Nadel, Außerirdische würden Frauen für genetische Experimente Eizellen entnehmen, aber ein Blick in eine Sammlung mittelalterlicher Holzstiche zeigt, daß diese Art der Begrüßung unter Teufeln gang und gäbe war. Sie ist die symbolhafte Version des Tabus, einen geheiligten Ort unvorbereitet zu betreten. Und wie die schottischen Bauern, die naseweis und dumm genug waren, einen Elfenhügel zu betreten und dabei ein oder 100 Jahre verloren, kehrte auch die amerikanische Familie mit einem Zeitverlust von einer Stunde und vierzig Minuten von ihrer Reise in das geheimnisvolle Ufo zurück.[17]

Solche „Entführungen", die seit den 80er Jahren von den USA aus nach und nach die ganze Welt heimgesucht haben, sind nicht, wie andere fortianische Phänomene, bewußt erinnerte Augenzeugenberichte. Vielmehr sind sie das Ergebnis einer Hypnosebehandlung, die durchgeführt wird, wenn Menschen einen Zeitverlust erleiden. Die Folklore spricht von Zeugen, die von Kobolden „verwirrt" wurden, so daß sie ihren Weg nicht mehr fanden. Diese Verwirrung kann durch plötzlichen Nebel, unerklärliche Müdigkeit oder dadurch entstehen, daß die vertraute Gegend auf einmal unbekannt und unerforscht erscheint. Menschen, die einen Zeitverlust erleiden, und Menschen, die von Kobolden verwirrt wurden, haben gemeinhin keine Erinnerung an die fehlende Zeit. Die mit dem Zeitverlust entstandenen Gedächtnislücken werden mit Geschichten mythischen Ursprungs erklärt: Heutige Entführte erzählen von Außerirdischen, wo früher Kobolde ihr Unwesen trieben.

Ähnlich sind sich nicht nur Außerirdische und Kobolde, sondern auch die verschiedenen Versionen der Entführung, zu denen der dämonisch interpretierbare Hexensabbat und die klerikalfromm gedeutete Marienerscheinung mit Himmelsvisionen gehören. Die älteste im deutschen Sprachraum bekannte „Entführung" – die Verschleppung des Schweizers Bouchmann durch „Nachtkobolde" – zeigt Strukturen von Ufo-Erlebnissen. Der Bauer Hans Bouchmann kam am 15. November 1572 von Sempach nach Römerswil zurück. Irgendwo auf dem Weg schien er spurlos verschwunden zu sein, denn er kommt nicht zu Hause an. Er gilt als tot, bis er am 2. Februar 1573 zu seiner Frau zurückkehrt. Er hat sein ganzes Körperhaar verloren und berichtet den staunenden Dörflern, auf seinem Heimweg habe er im Wald Geräusche und Musik gehört. Zuerst habe es wie Bienengesumm gewirkt, dann wie eine aufspielende Kapelle. Bouchmann wurde, von Panik erfaßt, orientierungslos. Er fühlte, wie er in die Luft gezogen und in ein fremdes Land getragen wurde. Sein Kopf und Körper schmerzten, und er verlor das Bewußtsein; zwei Wochen später kam er in Mailand wieder zu sich und kehrte nach Hause zurück. Renward Cysat, der auch Drachensichtungen aufgezeichnet hatte, befragte Bouchmann nach dessen Rückkehr und folgerte, der Mann sei von „Nacht-kobolden" entführt worden.[18]

Es mag sich hier um eine Verwirrung gehandelt haben, die auf einen epileptischen Anfall folgte. Skeptiker, die mythologischen Erklärungen ihren Sinn absprechen, analysierten, Bouchmann, der hoch verschuldet war, habe sich mit Geld aus dem Staube gemacht und zur Rechtfertigung seine Schwindelgeschichte erfunden. 400 Jahre später ist das nicht mehr zu klären. Aber: Selbst wenn Bouchmann geschwindelt hat, belegt die Erzählung, wie man sich vor fast einem halben Jahrtausend die Begegnung mit Kobolden und die Verschleppung durch sie vorstellte. Die Entführung durch Kobolde ist, wie die Beschreibung dieser Elementarwesen, mit den Ufo-Entführungen und Außerirdischen von heute identisch. Das bedeutet nicht, daß Kobolde in Wirklichkeit aus anderen Sonnensystemen stammten. Es waren Naturgeister, die in Steinen, Dolmen und Seen lebten, in bescheidenen Verhältnissen – das Zwergenloch von Naila war kaum je eine unterirdische Computerstation von Raumfahrern, und in den Grabhügeln von Wörth sind bei Ausgrabungen keine extraterrestrischen Instrumentarien gefunden worden. Es gibt keine Bestätigungen der Dänikenschen Phantastereien und Ufo-Träume; aber die modernen Ufo-Märchen zählen, wie die meisten fortianischen Phänomene, zu einer Erzähltradition, die sich lediglich äußerlich dem Zeitwandel angepaßt hat.

Yetis

Wie bei Kobolden hat man auch bei Riesen stets versucht, ihre Existenz zur bewiesenen Tatsache zu machen, indem man die in Boden oder Höhlen gefundenen Überreste großer Eiszeittiere zu Riesenknochen erklärte. Bis auf wenige Ausnahmen hat aber niemand behauptet, leibhaftig Riesen begegnet zu sein. Es blieb dem 20. Jahrhundert vorbehalten, den Himalaja-Mythos vom mächtigen Bergaffen auf Deutschland zu übertragen. Hin und wieder berichten Zeitungen von Yetis und Schneemenschen, die in den Alpen oder den deutschen Mittelgebirgen aufgetaucht seien.

1577 wurde ein Riesenskelett von Dr. Felix Plater, einem berühmten Anatomen, bei Willisau in der Nähe Luzerns entdeckt. Plater, ganz Wissenschaftler, ordnete die losen Knochen sofort zu dem gewaltigen Skelett eines 5,80 Meter großen Riesen. Die Rekonstruktion wurde im Luzerner Rathaus ausgestellt. Später besuchte der Göttinger Gelehrte und Begründer der Anthropologie, Professor Johann Friedrich Blumenbach (1752–1840), die Schweiz und stellte fest, daß der „Riese von Luzern" aus den Knochen eines Mammuts errichtet worden war.[19]

Als 1594 ein Hünengrab auf der Ostseeinsel Rügen ausgegraben wurde, will man darin zwei Knochengerüste gefunden haben, eines 11 und das andere 16 Schuh lang – immerhin etwa dreieinhalb und viereinhalb Meter![20] Hin und wieder wurden lebende Giganten beobachtet. 1645 steigen mehrere Riesen vom Wunderberg bei Feldkirchen in der Nähe Salzburgs herab, die die Menschen ermahnten, von sündigem Tun abzulassen und ein frommes christliches Leben zu führen.[21] Bei Grödnich, ebenfalls in der Nähe Salzburgs, wurden 1753 mehrere „wilde Frauen" mit langen Haaren gesehen, die in einfachen Erdhöhlen lebten.[22] Solche wilden Männer und Frauen vermutete man früher in den Wäldern; sie galten als Kobolde mit menschlicher Statur. Folkloreforscher[23] führen sie auf antike Vorstellungen von Fruchtbarkeitsgöttern zurück. Im Gegensatz zu Kobolden könnten sie eine reale Basis in den „wilden Kindern" haben, die von ihren armen Eltern wie Hänsel und Gretel ausgesetzt wurden, oder in Einsiedlern, die im Walde lebten.

„Peter von Hameln", ein ausgesetzter und wild im Wald aufgewachsener Junge, der am 17. Juli 1724 entdeckt wurde, erregte damals Aufsehen. Er wurde, wie andere Kinder mit ähnlichem Schicksal, erzogen und ausgebildet – sie waren keine überlebenden Neandertaler, wie manche Kryptozoologen vermutet haben.[24] Ein „Wolfsjunge" wurde 1344 in der Wetterau gefunden,[25] und im November 1853 wurde ein wildes Mädchen bei Weißkirchen im Banat entdeckt. Friedrich Eck veröffentlichte 1856 in Frankfurt ein Pamphlet, in dem er ausführlich berichtete, wie er das Mädchen sprechen lehrte. Sie erzählte ihm, daß ihre Mutter sie im Alter von fünf Jahren ausgesetzt hatte. Sie lebte in einer Höhle, zu der ihr hin und wieder Essen gebracht wurde.[26] Kindesaussetzungen sind nicht ferne Vergangenheit: Im März 1987 setzten unbekannte Eltern ihren behinderten Sohn im Zug zwischen Köln und Düsseldorf aus.[27] Der Mythos von Wilden in unseren Wäldern ist möglicherweise auf solche realen Umstände zurückzuführen. Die Vorstellung vom heimischen Yeti aber ist ein reines Produkt der Sensationspresse.

Eine deutsche Zeitung berichtete im Mai 1977, vier Jugendliche hätten auf dem 517 Meter hohen Melibokus im Odenwald einen Yeti gesehen, ein bipedes, haariges Monstrum. Die erschrockenen Zeugen hätten die Polizei verständigt, die mit 100 Beamten die Wälder durchkämmt habe. Obwohl keiner der Gesetzeshüter auf den Riesenaffen gestoßen war, habe man doch Fußabdrücke von 45 Zentimetern Länge gefunden, die menschlichen Fußstapfen glichen – mit einem Unterschied: das Monster hatte an jedem Zeh eine Klaue![28] Die Sichtung war wirklich gemeldet und von der großen Zeitung übernommen worden, die Polizeisuche und die Abdrücke waren erst in der Redaktionsstube fabuliert worden. Axel Ertelt, ein Ufo-Untersucher, der extra in den Odenwald reiste, stellte fest, daß die Polizei die ganze Erzählung für einen Schwindel hielt, während Einheimische vermuteten, die Jungen seien vermutlich durch Wild so erschreckt worden.

Ein schneemenschartiges Unwesen, das bei Aachen ähnliche Aufregung verursacht haben soll, machte in den 70er Jahren in der gleichen Zeitung ebenfalls Schlagzeilen. Unter der Überschrift „Monster mit einem Auge verbreitet Schrecken" hieß es: „Seine Reviere sind Kohlenhalden, Friedhöfe, Waldwege und Obstgärten. Ein riesenhaftes Ungeheuer mit einem großen runden Auge in der Mitte der Stirn beunruhigt die Bevölkerung im Braunkohlerevier bei Aachen. Das Monster beschrieben die Anrufer so: weit über zwei Meter groß, rotes, verfilztes Haar, keine Nase unter dem Auge, ein riesiges Maul. Um 19.02 Uhr rief eine 65jährige Frau aus der Eifelstraße in Alsdorf an: ‚Ich habe das Ungeheuer gerade auf einer Kohlenhalde gesehen. Es brüllte, riß einem Huhn den Kopf ab und verschlang das

Huhn'."[29] Hier ist er wieder, der Kobold, der an der Schnittstelle zwischen Zivilisation und Natur lebt und die Grenze aggressiv bewacht. Viele Kobolde konnten die Form wechseln und sich von einem kleinen grauen Zwerg in ein häßliches stinkendes Monstrum verwandeln. Bei fortianischen Phänomenen ist gleichgültig, ob die Sichtungen echt oder – wie in diesem Falle wahrscheinlich – erfunden sind: Die Fiktionen des Geistes, bewußt oder unbewußt gebildet, ähneln sich.

Was immer diese großen, haarigen Ungeheuer – außer Zeitungsenten – sein mögen: Es gibt isolierte Hinweise auf seltsame Sichtungen. Zahlreiche Zeugen wollen im August 1936 bei Husum einen Teufel gesehen haben, mit all den Attributen, die den Höllenfürsten auszeichnen: Ziegenkopf, aufrechter Gang und zottiges Fell.[30] Im November 1938 wurden mehrere Male zwei große Affen bei Neubrandenburg in Mecklenburg gesichtet. Kein Zoo in der Umgebung vermißte die Affen, die in Bäumen gesehen wurden[31] – überlebende Urmenschen oder Uraffen in unseren Wäldern? Die Amerikaner, die ein unerschütterliches Vertrauen in Zeugenaussagen, Lügendetektoren und Hypnose haben und Erzählungen – „wenn der Kerl doch ehrlich ist" – immer für objektive Aussagen über unsere Wirklichkeit halten, haben mehrere 100 solcher Begegnungen mit Kobolden, Affen und zottigen Monstern gesammelt und daraus geschlossen, daß in den Rocky Mountains noch ein unbekannter riesiger Affe, der Bigfoot oder Sasquatch, lebt.

In Mitteleuropa, wo sich die Presse des Themas nicht so angenommen hat wie in den USA, gibt es weniger Sichtungen. Vereinzelt wird auch hier über Yetis berichtet – zum Beispiel im *Bezirksamtsblatt der Gemeindeverwaltung Falera*, einem Schweizer Ort im Bündner Oberland. Das Blatt berichtete, in der Gegend zwischen Flims und Falera sei die Bündner Arbeitsgruppe für prähistorische Archäologie im Oktober 1974 auf „ein schneemenschähnliches Lebewesen" gestoßen, das „Gemeinsamkeiten mit dem der Wissenschaft bekannten Typus des Neandertalers" habe. Man hatte Fußabdrücke gefunden, die von „überdurchschnittlicher Dimension" waren, die „auf Urahnen der Gattung homo sapiens" hinzuweisen schienen. Die archäologischen Forscher seien den Spuren gefolgt, die in einer „schatzhöhlenähnlichen Gruft" geendet hätten.

Der Bündner Yeti war die Erfindung des 28jährigen Jugendlagerleiters Fredi Graub aus dem Jugenddorf Heinzenholz, der sich die Meldung ausgedacht hatte, um den von ihm betreuten Kindern am Wochenende eine besonders abenteuerliche Schnitzeljagd zu garantieren. Der Artikel rutschte irgendwie in die Finger des Redakteurs des *Bezirksamtsblattes,* der sie für bare Münze nahm und veröffentlichte.[32] Die Schweizer, die ihre Berge früher mit Drachen bevölkerten, hatten keinen Erfolg mit der Ansiedlung eines Schneemenschen im Gebirge, obwohl es mehrfach versucht wurde.

Der Fernsehmoderator Kurt Felix war der nächste, der für seine Sendung „Verstehen Sie Spaß?" in die Rolle des Zottelmonsters stieg. Das Fernsehteam hatte in den Touristenorten um den Rhônegletscher Flugblätter verteilen lassen, in denen die Behörden darauf hinwiesen, daß in der letzten Zeit im Eis immer wieder ein yetiähnliches Ungeheuer gesehen worden sei. Eine ausgewählte Gruppe von Urlaubern wurde direkt vor die verborgenen Kameras geführt, just in dem Augenblick, in dem Kurt Felix im Orang-Utan-Kostüm im Gletscher herumturnte und unaffisches Gegrunze von sich gab. Die Touristen reagierten erschreckt und fasziniert, sie waren von der Realität des Yetis überzeugt – keiner kam auf die Idee, es könne sich um einen Gag handeln. Obwohl Felix im Affenfell beeindruckte, waren seine Bewegungen und seine Laute die eines Menschen, nicht eines großen Menschenaffen. Die Zeugen fotografierten eifrig, mit einem Schauer über dem Rücken. Der Wunsch, die Berge und Wildnis mit Drachen und zottigen Riesen zu bevölkern, ist immer noch tief in uns; wird die Chance geboten, an diesen uralten Traum zu glauben, wird sie auch wahrgenommen.[33]

Der englische Biologe John Napier, ein bedeutender Menschenaffenforscher, versuchte 1972 in seinem Buch *Bigfoot* zu beweisen, daß der amerikanische Bigfoot wirklich existiert; lebende europäische Urmenschen stellt er hingegen in Frage: Er berichtet von den Fußstapfen eines Yetis, die im Neuschnee in den Alpen entdeckt wurden und sich als Spuren einer hüpfenden Krähe entpuppten.[34]

Der Berggeist Rübezahl lebt fort als Yeti auf dem Rhônegletscher, der Zwerg im Bergwerk und der Kobold im Hügelgrab finden sich als Sternenmenschen aus dem Raum wieder. Sie werden sicherlich in neuer Inkarnation zurückkehren, wenn niemand mehr an Ufos glaubt.

Marien- und Engelerscheinungen

Christoph Kötter wurde im Jahre 1585 in Langenau bei Görlitz in der Oberlausitz geboren. Da er von Beruf Gerber war, mußte er häufig weit reisen. Auf einer dieser Reisen erschien ihm am 11. Juni 1616 auf dem Weg nach Görlitz ein Engel, der ihm auftrug, zu den Menschen zu gehen und Buße zu predigen. Der Engel zeigte sich dem Gerber in der Folgezeit wiederholt, da sich Kötter zuerst weigerte, seiner Berufung zu folgen. Schließlich droht ihm der Engel, er werde, falls sich Kötter weiterhin uneinsichtig zeige, seinen Namen „aus dem Buch des Lebens löschen". Kötter gehorcht. Er akzeptiert seine Berufung und erlebt Visionen. Neben religiösen Botschaften tauchen mit der Zeit verstärkt auch politische Inhalte auf. Kötter wird zu Königen und Fürsten geschickt, 1625 sogar zum brandenburgischen Kurfürsten gerufen. Als er den Untergang des Hauses Habsburg vorhersagt, wird er vom kaiserlichen Prinzipal gefangen, an den Pranger gestellt und drei Monate in den Kerker geworfen. Kötter stirbt 1647 in der Oberlausitz.

Die „Entzückungen" und Begegnungen mit dem Engel überfallen Kötter auf seinen langen und einsamen Wegen durch die Wälder der Heide. Sie lassen ihn ruhelos, scheinen ihn voranzutreiben. Stets erwacht Kötter fern des Ortes der Vision. Der deutsche Folklorist Will-Erich Peuckert[1] spricht von einer „psychopathischen ‚Reise ins Dämmerreich'": Kötter prophezeite religiöse und politische Ereignisse, die ihm in Visionen offenbart wurden. Nie begegnete ihm Gott oder Jesus, wie bei Katholiken üblich, sondern immer nur ein Engel. Viele seiner

Abb. 11: Der Glaube, daß vor allem Kinder einen Schutzengel haben, der sie behütet, ist auch heute noch lebendig. Lithographie nach einer Zeichnung von Paul Heydel, um 1865.

Gesichte waren apokalyptischer Natur und schilderten Ereignisse vom Weltuntergang. Dazu schrieb Kötter zahlenmystische Abhandlungen und astronomische Legenden, die durch die Abschriften des Pastors Menzel erhalten sind. Sie wurden seinerzeit in mehreren europäischen Ländern veröffentlicht. Bei diesem Fall zeigt sich, was auf Visionen religiöser Natur allgemein zutrifft: Sie sind kaum unterscheidbar von heutigen Begegnungen mit Außerirdischen und angeblichen Entführungen durch sie. Auf einem einsamen Weg verliert ein Zeuge das Bewußtsein; als er sich später zu erinnern glaubt oder versucht, den Zeitverlust zu rekonstruieren, entsteht eine Geschichte von einem Kontakt zu übernatürlichen Wesen, die den Wahrnehmer in ein anderes Land oder eine andere Wirklichkeit getragen haben, wo der Zeuge Botschaften hört, die er weitergeben soll. Die Begegnung macht ihn zum „Auserwählten".

Das katholische Pendant zu dem entrückten Kötter ist die heilige Hildegard von Bingen. 1098 in Bermersheim bei Alzey geboren, wurde sie Äbtissin der Benediktinerinnen von Rupertsberg und eine lebende Legende, noch bevor sie am 17. September 1179 in Rupertsberg bei Bingen starb. Neben wissenschaftlichen Arbeiten zur Natur- und Heilkunde mit Pflanzen und Kräutern verfaßte sie Werke zur Kosmologie und schrieb Musikstücke. Ihre Inspiration erhielt sie von Visionen, die sie seit ihrem dritten Lebensjahr hatte: Sie sah „das lebendige Licht", also Jesus, und Engel, die sich miteinander unterhielten. Einige Texte der Heiligen sind in einer unbekannten Sprache verfaßt, die die Sprache der Engel sein soll.[2]

Ihre Visionen, bei denen helle Lichter durch die Nacht schwebten und Engel mit den Mächten des Bösen kämpften, galten schon bald nach Aufkommen des Ufo-Glaubens als frühe Beispiele sogenannter „Kontakte" mit Ufo-Wesen. Der Amerikaner Jacques Vallée, der mehrere lesenswerte Bücher über Ufos geschrieben hat, in denen er die – selbstverständlich unbeweisbare – These vertritt, Ufo-Piloten seien eine Art Elementargeister, zitiert eine Vision der heiligen Hildegard als typischen Ufo-Bericht: „Ich sah einen wunderbaren und schönen Stern und bei ihm viele fallende Funken, die dem Stern nach Süden folgten. Und sie betrachteten Ihn auf Seinem Thron mit Feindschaft, sie wandten sich von Ihm ab und flohen nach Norden. Und plötzlich wurden sie alle ausgelöscht und in Kohlen verwandelt ... und in den Abgrund geworfen und ich sah sie nicht mehr."[3]

Es ist reichlich verwegen, diese visionäre Schau der Ausstoßung der von Gott abgewiesenen Engel in die Hölle mit Ufo-Berichten gleichzusetzen, denn ohne Zweifel steckt hinter solchen religiösen Erfahrungen mehr Bedeutung und Sinn als hinter dem durchschnittlichen Ufo-Bericht. Auch die These des Psychiaters Oliver Sacks, die heilige Hildegard habe unter besonders hartnäckiger Migräne gelitten, die dabei auftretende physiologische Störung habe sie gekonnt vor ihrem religiösen Hintergrund in Philosophie umgesetzt,[4] reicht als Erklärung nicht aus. Da Ufo-Begegnungen religiösen Visionen ähnlich sind, fällt es schwer, beide voneinander zu trennen. Es darf nicht der Fehler der Ufologen gemacht werden, Erscheinungen als frühe Raumschifflandungen zu deuten, die die Menschen damals mit Aberglauben vermischt hätten. Vielmehr scheint es umgekehrt, als seien heutige Ufo-Kontakte Visionen, die, weil der religiöse und philosophische Hintergrund fehlt, nicht verstanden werden.

Ufos und Erscheinungen

Immer wieder haben Autoren, die die Mechanismen des Glaubens und der Entrückung nicht verstehen wollen und können, aus Marienerscheinungen kleine Science Fiction-Geschichten gemacht, um ihr materialistisches Weltbild beibehalten zu können und die Herausforderung visionären Sehens nicht ernsthaft annehmen zu müssen. Visionen sind ein Mysterium, bei dem ein unwissender einzelner scheinbar und unerklärlicherweise Glaubensinhalte erfährt; in treffenden Metaphern vermittelt, sind sie den ungebildeten wie den hochgelehrten Menschen der Zeit zugänglich.

Im Zeitraum von Oktober 1949 bis 1952 hatten zuerst vier, später sieben Mädchen in Heroldsbach in Bayern Erscheinungen der Heiligen Jungfrau, die einen blauen Mantel und eine goldene Krone trug. Die Darstellung entsprach dem traditionellen Marienbild der Kirche, und die wartenden Pilger sahen ein

Sonnenwunder. Der britische Autor McClure hat festgestellt, daß Marienerscheinungen im Grunde zuerst vage positive Erlebnisse von hellen Frauengestalten sind, die durch die Befragung von kirchlichen Stellen in die traditionell bekannte Form gebracht werden[5] – wahrscheinlich auch in diesem Fall. Da bis zu 300 Erwachsene Erscheinungen und Sonnenmirakel sowie sich bewegende Sterne bei Nacht erlebt haben, muß die Überzeugungskraft und spirituelle Energie der Seherkinder außerordentlich gewesen sein. Der Ufo-Autor Johannes Fiebag meint, daß die Erscheinungen „als reales Ereignis gewertet werden" müssen, und interpretiert das spirituelle Geschehen als ein materialistisch-technisches, weil er Außerirdische in Raumschiffen hinter der Mariengestalt vermutet.[6] Erscheinungen deuten auf eine unsichtbare, aber erfahrbare Dimension unseres Seelenlebens – ganz gleich, ob man an eine Seele glaubt oder nicht oder ob man psychologische Ursprünge der Visionen annimmt. Die Bedeutung der Erscheinungen wird von technologiefixierten Autoren weder gesehen noch verstanden.

In ähnlicher Weise wie Fiebag sieht der amerikanische Journalist John Keel in Marienerscheinungen eine Art Verkleidungstrick von bösartigen übernatürlichen Wesen, die entweder als Kobolde, Raumfahrer oder Erscheinungen mit uns spielen. Visionen vom November 1937 bis 1945 in Heede im Emsland, bei denen vier Mädchen im Alter von 12 bis 14 Jahren auf dem Ortsfriedhof regelmäßig die Jungfrau Maria sahen, hält Keel für ein weiteres zynisches Spiel der „Ultraterrestrier". Anna Schulte, Susanna Bruns sowie Greta und Maria Gansforth sahen die Jungfrau, die sich als „Königin des Universums" bezeichnete, über 100mal – sie trug eine goldene Krone und hielt das Jesuskind im Arm.[7] Wie so oft folgt auch hier die Erscheinung der katholischen Ikonographie. Wie sich die Erscheinungen unter dem Einfluß kirchlich autorisierter und stark publizierter Vorfälle wie die von Lourdes oder Fatima untereinander immer stärker ähnelten, zeigt Kevin McClure in seinem Buch, das auch weitere Details zu den wichtigsten Visionen liefert.

Wird irgendwo ein Ufo gesehen, gibt es häufig einen Neugierigen, der nach Spuren sucht und welche findet. In einer technologie- und naturwissenschaftsorientierten Welt werden Beweise auch von Erscheinungen verlangt – eine Botschaft aus einer Wolke ohne bleibende Spuren wird angezweifelt.

Aloisia Lex aus Eisenberg in Österreich behauptet, sie habe tausend Male die Jungfrau geschaut, seit sie 1946 im Koma zum ersten Mal eine Erscheinung hatte. Wie auch bei Ufo-Entführungen wurde nach und nach die ganze Familie in das Geschehen integriert: 1947 sah Aloisias Vater „eine schöne Frau in Weiß" im Garten. 1956 entstand dann „als sichtbarer Beweis" ein Kreuz im Rasen des Hauses – so wie Ufos niedergedrückte Vegetation als Zeugnis ihrer Landung hinterlassen. Telepathische Botschaften sollen noch bis zum Tod der Seherin im Dezember 1984 angedauert haben.[8]

Wenn alle Elemente heutiger Begegnungen mit Ufonauten oder Entführungen durch Außerirdische bereits in früheren Erscheinungen zu finden sind, läßt sich der Schluß ziehen, daß gegenwärtige Kontakte mit Ufos religiöse Visionen sind, die vom Wahrnehmenden nicht mehr verstanden werden. Selbst die Zeugen, die an eine religiöse Herkunft ihrer Besucher glauben, sehen offenbar die Notwendigkeit, die Ereignisse an die moderne Ufo-Mythologie anzupassen. Wer heute eine Vision hat, geht, zeitgemäß, nicht mehr zum örtlichen Pfarrer, sondern zum Ufo-Forscher.

H. W. war 50 Jahre alt, als er im Juni 1972 in der Berliner S-Bahn ein eigenartiges Erlebnis hatte. Fast 20 Jahre später beschrieb er in einem ausführlichen Brief an die Mannheimer Ufo-Forschungsgruppe CENAP das Geschehen: „Es war gegen Mittag, das Wetter war sonnig und im Himmel schwammen dicke weiße Wolken. Ich hatte nicht mehr Sorgen als meine Mitmenschen ... Der Zug fuhr in den Bahnhof Jungfernheide ein ... Ich saß auf der letzten Bank an der Rückseite des Waggons. Ganz plötzlich, ohne jeden Übergang, saß ich in einem weiß-bläulichen Strahl, der meinen Körper völlig einschloß. Links und rechts waren gut 10 Zentimeter mehr von diesem Strahl um mich. Der Strahl verlängerte sich nach oben, von mir aus gesehen, und ging durch das Bahnhofsdach bis in eine unerkennbare Höhe. Die Intensität dieser Energiebahn wurde weder durch das Sonnenlicht noch durch das Himmelsblau beeinträchtigt. An der Stelle, wo diese Bahn von Energie durchführte, war das Bahnhofsdach verschwunden, jedenfalls nicht mehr sichtbar. Ich konnte durch diese Materienform durchsehen, fühlte mich aber weder verängstigt noch unsicher, ja, ich möchte fast sagen, ich fühlte mich sicherer. Am anderen Ende dieser Strahlenbahn sah ich drei menschliche Köpfe, und zwar den einer jungen Frau in der Mitte, an einer Seite ein älter erscheinender Mann, an der anderen Seite eine jüngere Darstellung eines Mannes. Ich sah alles klar und deutlich, sie waren nah und fern, es spielte keine Rolle. Um den Kopf hatte die Frauendarstellung eine Art von Reif ... In der Mitte eine Art Rhombe ... Ich glaubte Fragen zu spüren und da war auch ein Suchen, ein Suchen nach anscheinend technischem Wissen. Und da war die Erklärung, sie seien nicht human wie die Erdenbewohner, sie können sich aber nur so zeigen, da sie keinen Schaden verursachen wollen. Ich spürte ein behutsames Tasten im Gehirn und plötzlich, so abrupt wie gekommen, waren alle Erscheinungen vergangen. Der ganze Vorgang kann nur Sekundenbruchteile oder Sekunden gedauert haben; der Zug fuhr weiter."[9]

Diese Vision von Maria mit Diadem, Gottvater und Gottsohn als Ufo wahrgenommen, zeigt, wie übermächtig heute der Ufo-Mythos in unseren Köpfen ist. Es ist jedoch schwer vorstellbar, daß der Zeuge die traditionelle christliche Ikonographie Mariens mit dem Reif nicht erkannt haben sollte, und daher ist auch ein Schwindel nicht völlig auszuschließen.

Die Erscheinungen, authentische religiöse Erlebnisse, geben dem Wahrnehmenden die Sicherheit und Gewißheit, sein Leben werde von guten übernatürlichen Kräften begleitet; er erfährt, daß das Leben des Menschen mehr ist als eine Abfolge von chemischen Prozessen im Körper. Die mystische Erfahrung hinterläßt offenbar überwiegend positive Gefühle, begleitet von visionären oder halluzinatorischen Lichterscheinungen schöner Frauengestalten. Je nach Konfession deutet der Zeuge dieses Erlebnis: der Katholik als Marienerscheinung, der Protestant als Boten Gottes, der Ufo-Gläubige als Kontakt mit Raumfahrern. In dem Zwang, das Erlebte in Worte zu fassen, wird es den traditionellen Erwartungen an solche Begegnungen angepaßt.

Grenzfälle

Nicht allen Erscheinungen liegen authentische, subjektiv wahre Erlebnisse der Zeugen zugrunde. Bei manchen handelt es sich um Schwindel aus Profilierungssucht oder religiöser Rechthaberei, um Launen der Natur oder um Folklore, die einfach als Erlebnis aus erster Hand wiedergegeben wird.

Im August 1982 zeltete eine Jugendgruppe in der Nähe eines Steinbruchs bei Bergweiler, nicht weit von Bernkastel-Wittlich in der Eifel. Einer der Jungen ging abends in den abgelegenen Steinbruch und beleuchtete dort die Felswand mit seiner Taschenlampe. Im Lichtkegel erkannte er Maria im Gestein stehend.

Innerhalb von zwei Wochen, nachdem sich eine große deutsche Boulevardzeitung des Themas angenommen hatte, pilgerten über 30 000 Menschen zu dem Ort, Kranke ließen sich in den Steinbruch karren und hofften auf Heilung. Einige Leute wurden hysterisch, als sie eine Figur in der Felswand sahen, die sich bewegte, doch es war nur ein junger Mann, der dort herumkraxelte. „Da ist die Jungfrau", riefen die leichtgläubigen Pilger wider jede Vernunft. Journalisten belagerten das kleine Städtchen, und ein Foto des Marienwunders erschien sogar im *stern*. Des Rätsels Lösung war eine außergewöhnliche Felsformation, die, unter einem bestimmten Winkel angestrahlt, wie die Muttergottes wirkte. Die Schaulustigen zertrampelten die Felder der ortsansässigen Bauern, sie ließen Abfälle und Fäkalien auf den Wegen zurück, die durch Autoschlangen vollkommen blockiert waren. Gerüchte verbreiteten sich: Ein einheimischer Busunternehmer, munkelte man, habe Dias benutzt, um das Bild deutlicher zu machen.

Prälat Israel vom Bischöflichen Ordinariat Trier erklärte, die Erscheinung könne nicht als echt gewertet werden. In einer privaten Lourdes-Grotte sei erst kurz vorher eine Erscheinung gesehen worden, die auf Leuchtfarbe zurückzuführen gewesen sei. Er sagte voraus, die Leute würden sicherlich bald das Interesse an dem Wunder verlieren, und er hatte recht damit. Die Pilger blieben mit der Zeit aus, die Maria von Bergweiler fand ein trauriges Ende: Der Besitzer des Steinbruches ließ sie ein Jahr später abreißen.[10]

Da Maria wenig Anklang bei den Kirchenoberen fand, sandte der Himmel den Erzengel Gabriel im Herbst 1982 wiederholt nach Bayern aus. Mehrere Leute sollen unabhängig voneinander berichtet haben, daß sie auf der Autobahn München-Salzburg einen Anhalter bei Rosenheim mitgenommen hätten. Er war ein bärtiger, langhaariger junger Mann, der orakelte, er sei der Erzengel Gabriel und erscheine mit dem Auftrag, das Ende der Welt im Jahr 1984 anzukündigen. Dann löste er sich in Luft auf, und die noch geschlossenen Sicherheitsgurte blieben auf den Autositzen liegen!

Die Augenzeugen, einige tief geschockt, berichteten das Erlebte der Polizei; dort dachte man an einen Studentenulk und begann, nach dem Schuldigen zu fahnden. Ein Student, der sich in Luft aufzulösen versteht, wäre ohne Zweifel kurios, aber der Polizei war der Spaß der Aufklärung nicht gegönnt. Eine Woche später hieß es, die Akten würden geschlossen, man habe keinen Verursacher dingfest machen können. Der für München zuständige Bischof erklärte, das Wesen könne nicht der Erzengel Gabriel sein, da die Beschreibungen der Zeugen nicht mit der Lehre der Kirche übereinstimmten.[11]

Der Folkloreforscher Michael Goss hat in einer Untersuchung vieler britischer Fälle von Geisteranhaltern gezeigt, daß es sich um moderne Sagen, um ein faktualisiertes Gerücht handelt. Will man die Zeugen finden, bleiben sie verborgen – man hat das Erlebnis nicht selbst gehabt, sondern der Freund eines Bekannten etc. In einigen Fällen konnte Goss die Zeugen befragen, und er kommt zu dem Schluß, es habe sich tatsächlich um paranormale Phänomene gehandelt.[12]

Maria und Engel in Deutschland

Eine kurze Liste von Erscheinungen in Deutschland, Österreich, der Schweiz und Luxemburg mag aufschlußreich sein. Es gibt sicherlich noch viele weitere, und nicht immer ist die Grenze zu Geistererscheinungen und „weißen Frauen" einfach zu ziehen.

– 973 erscheinen dem heiligen Ulrich zwei Engel in Augsburg.[13]

– Der heilige Bernhard begegnet 1020 in Hildesheim einem Engel und erhält ein Reliquiar von ihm.[14]

– Ab 1110 hat Hildegard von Bingen Visionen und unterhält sich mit Engeln.

– Dem Wächter Hermann Josef erscheint 1232 bei Hoven in der Eifel in einer Nacht mehrmals die Jungfrau Maria – vielleicht die erste deutsche Marienvision.[15]

– 1299 sieht Gertrud von Hefta Jesus im Kloster.[16]

– Ab 1600 werden dem deutschen Schuster Jakob Böhme (1575–1624) aus Altseidenberg bei Görlitz zahlreiche Visionen gegeben.[17]

– Am 6. April 1604 sieht Pater Jakob Rem eine über dem Boden schwebende Madonna in Ingolstadt.[18]

– Am 11. Juni 1616 sieht Christoph Kötter bei Görlitz zum ersten Mal einen Engel, der ihn sein Leben lang begleiten wird.

– Um 1620 erscheint Anna Fleischer „eine glänzende Knabengestalt", die ihr eine Botschaft übermittelt.[19]

– 1625 erscheint dem Bauer Martin Drescher ein Engel über seinem Acker bei Glogau am Zobten in Schlesien.[20]

– Dem Pfarrer Nicolaus Brigel zeigt sich am 29. Mai und am 16. Oktober 1629 der Engel Raphael und teilt Botschaften mit.[21]

– Ein weißer Engel zeigt sich der Nürnberger Magd Susanna Rügel vom 9. November 1630 bis zum 4. März 1631.[22]

– Um 1630 sieht Anne Marie bei Braunschweig einen Engel.[23]

– Am 13. April 1640 besuchen zwei Engel den Knecht M. Hamisch in Bunzlau und übermitteln ihm Botschaften.[24]

– Mitten im 30jährigen Krieg, in der Weihnachtszeit 1641, vernimmt der Händler Hendrick Busmann aus Kevelaer eine Stimme: „An dieser Stelle sollst Du mir ein Kapellchen bauen." Noch heute pilgern jährlich bis zu 700000 Menschen zu der „Trösterin der Betrübten".[25]

– Botschaften erhält Hans Keil aus Gerlingen bei Stuttgart, als er 1648 von einem Engel besucht wird. Diese himmlischen Nachrichten beziehen sich, wie in den anderen Fällen, auf religiöse Verhaltensmaßregeln und enthalten politische Aussagen.[26]

– Der Bauer Dietrich Mülfahrt findet 1654 im Geäst eines Baumes zu Aldenhoven bei Aachen ein Gnadenbild der Madonna. Wenn er abends zu der Statue betet, erscheint stets „ein wunderbares Licht".[27]

– Der Hirt Peter Rekin trifft am 2. Juli 1684 in Brandenburg einen Engel.[28]

– Als Schwindel soll eine Episode von Erscheinungen zwischen 1698 und 1699 in Württemberg entlarvt worden sein, als die Simmersfelder Pfarrerstochter Christina Regina Bader berichtet, ihr erschienen Engel, die ihr Botschaften verkündeten.[29]

Das 17. Jahrhundert, von Glaubenskämpfen und Kriegen geprägt, zeichnet sich hauptsächlich durch Engel aus, die Protestanten aufsuchen und sie in ihrem Abfall vom Katholizismus bestätigen. Im 19. Jahrhundert kann eine drastische Zunahme der vorher eher seltenen Marienerscheinungen registriert werden, die sich allmählich dem von der Kirche anerkannten und stark publizierten Fall von Lourdes angleichen. Der ab 1848 aus den USA nach Europa kommende Spiritismus sorgt dafür, daß die einstigen Engelserscheinungen nun hauptsächlich als Geistererscheinungen von Verstorbenen interpretiert werden.

– Ab 1840 hört der Mystiker Jakob Lorber (1800–1864) aus Graz eine Stimme, die ihm befiehlt, Offenbarungen über Religion und das Wesen des Alls niederzuschreiben.[30]

– Am 12. Mai 1848 erscheint dem Knecht Stickmayer bei Obermauerbach in Bayern die Jungfrau Maria.[31]

– In Marpingen im Saarland sehen Kinder und Erwachsene 1876 Jesus, den Heiligen Geist, die Jungfrau Maria und zahlreiche Engel am Himmel über einem Wald.[32]

– Die Jungfrau Maria besucht Allenstein in Ostpreußen. Ab dem 27. Juni 1877 sehen vier Frauen über einen längeren Zeitraum hinweg 160mal die Madonna, die „von einer strahlenden Wolke" umgeben ist.[33]

– Im selben Jahr sehen drei kleine Mädchen Jesus und andere biblische Gestalten in Mettenbach in Bayern.[34]

Im 20. Jahrhundert finden wir eine auffällige Häufung von Erscheinungen um das Jahr 1947, als die ersten fliegenden Untertassen auftauchten. Das Hoffen auf ein Zeichen aus dem Himmel nach dem verheerenden Weltkrieg war offenbar sehr stark; ob die Antwort die Form einer Erscheinung oder eines Ufos annahm, hing von den Glaubensvorstellungen des Zeugen ab.

– Am 8. Dezember 1921 hat Anna-Maria Goebel aus Blickendorf bei Trier eine Marienerscheinung: Die Jungfrau erscheint ihr auch in der Folgezeit.[35]

– Ab dem 1. November 1937 bis zum Jahre 1945 dauern die Erscheinungen von Heede.[36]

– Ursula Hibbeln erblickt ab dem 15. August 1938 mehrmals Maria und erhält religiöse Botschaften.[37]

– Am 13. Mai 1940 stattet die Jungfrau Maria Bärbel Ruess in Pfaffenhofen einen Besuch ab; 1946 kehrt die Himmelsmutter noch einmal bei ihr ein.[38]

– Ab 1946 erscheint Maria in Eisenberg in Österreich einer ganzen Familie, Botschaften werden bis in die 80er Jahre diktiert, die Erscheinung hinterläßt – quasi als Vorläufer der Kornkreise – ein Graskreuz als Zeichen ihrer Anwesenheit.[39]

– Frau Paula, 48, sieht Maria in einem Kranz aus Rosen am 23. August 1947 in Tannhausen in Schwaben.[40]

– Am 1. November 1947 sehen viele Menschen in Kayl in Luxemburg eine Erscheinung der Heiligen Jungfrau Maria.[41]

– Am 11. November 1948 erscheint eine Madonna mit blauem Mantel und goldener Krone in einer Wolke über dem Königsberg bei Aspang, Österreich.[42]

– Eine der berühmtesten Nachkriegsepisoden von Erscheinungen beginnt am 12. Mai 1949 in Fehrbach bei Pirmasens in der Pfalz, als Senta Ross Maria schaut; Sonnenwunder und ähnliche Ereignisse werden ebenfalls berichtet.[43]

– Ab 9. Oktober 1949 sehen zuerst einige Mädchen, dann zahlreiche Pilger bei Heroldsbach in Bayern zuerst Maria, dann Sonnenwunder und seltsame Lichter am Himmel.[44]

– Am 18. Dezember 1950 sehen 20 Kinder bei Remagen eine Erscheinung der Jungfrau Maria.[45]

– Am 19. Juli 1954, als überall in Frankreich kleine grüne Männchen aus hellen Objekten klettern, erblicken zwei evangelische Dienstmädchen die Jungfrau Maria in einem leuchtenden Strahlenkranz. Die Erscheinungen setzen sich in der darauffolgenden Zeit in Pingsdorf fort.[46]

– Am 6. Januar 1975 hört Gabriele Wittek zum ersten Mal den Heiligen Geist, der unvermittelt beginnt, ihr philosophische Traktate zu diktieren. Sie gründet aufgrund der Offenbarungen die Sekte „Heimholungswerk Jesu Christi".[47]

– Im August 1982 entdecken Jugendliche in einem verlassenen Steinbruch bei Bergweiler in der Eifel eine Felsformation, die sie für ein Marienwunder halten.[48]

– Im Oktober 1982 hält der Erzengel Gabriel mehrere Autofahrer bei Rosenheim an und verkündet, die Welt ginge 1984 unter. Dann löst er sich in Luft auf.[49]

Welche Schlüsse lassen sich aus dieser Prozession von Erscheinungen ziehen? Es scheint auf den ersten Blick, als neigten Frauen dazu, Maria zu erblicken, während Männer in der Regel auf Engel stoßen. Ob das Bedeutung hat, müßte ein Vergleich mit den international gesammelten Daten zeigen.

In der Regel findet ein erster Kontakt mit übernatürlichen Wesen in der Kindheit oder Pubertät der Wahrnehmenden statt, er wiederholt sich – häufig regelmäßig zu bestimmten Terminen –, bis er nach einigen Monaten oder Jahren endgültig beendet wird. Das entspricht Erscheinungen, die aus anderen Ländern gemeldet werden, und ebenso den sogenannten „Entführungen durch Außerirdische". In der heute geläufigen Form wird der Zeuge zuerst als Kind und dann wieder während wichtiger Stationen seines Lebens entführt. Bei beiden Phänomenen treffen die Perzipienten, nachdem sie in Trance gesunken sind, auf übernatürliche Wesen, die ihnen traktatähnliche Botschaften eingeben und sie „auserwählen". Auch Poltergeister suchen bevorzugt Kinder oder Pubertierende auf. Die auserwählten Medien weisen manchmal Wunden auf, die Entführten Operationsnarben und die Seherkinder Stigmata. Gemeinsam ist den verschiedenen Wahrnehmungsformen, daß ein einziges „Kontakterlebnis" vom Perzipienten entweder als Science Fiction, als Heiligenlegende oder als dämonische Heimsuchung erlebt wird. Ohne Zweifel liegt in all diesen Fällen eine Erklärung in der Psyche der Zeugen, die ihre Probleme in bildhafter und vielleicht paranormaler Weise nach außen kehren.

Poltergeister

Poltergeister, unsichtbare Kräfte, die Hausbewohner mit üblen Gerüchen, Knallgeräuschen und zerspringendem Geschirr zur Verzweiflung bringen können, werden seit der Antike stets gleich beschrieben. Die Deutungen der unheimlichen Ereignisse waren dagegen dem Weltbild der Zeit und Kultur angepaßt: Götter, Kobolde und Elfen, der Teufel oder die Geister der Verstorbenen konnten verantwortlich sein; Parapsychologen, die sich heute mit Poltergeistern beschäftigen, gehen davon aus, daß es sich um „spontane Psychokinese" handelt. Ein Mensch, häufig ein Heranwachsender, der im Mittelpunkt der Ereignisse steht, bewegt und zerstört Gegenstände mit Geisteskraft, um sich von inneren Spannungen zu lösen. Gleich, welche Erklärung zutreffen mag – die Einheitlichkeit der Berichte spricht dafür, daß es sich bei Poltergeistern um ein physikalisch reales Phänomen handeln könnte. Bewiesen ist das allerdings nicht, und so fallen Poltergeister in die gleiche Kategorie wie die anderen in diesem Buch beschriebenen Erscheinungen: Sie können beobachtet und erfahren, nie aber eindeutig belegt oder bewiesen werden.

Der Doyen der deutschen Parapsychologie, der verstorbene Hans Bender, spricht neben den eher esoterischen Deutungen auch von ganz gewöhnlichen Täuschungsmöglichkeiten und Betrug: „Kinder und Jugendliche können einen Schabernack spielen und sich instinktiv die Neigung vieler Menschen, schreckhaften Vorkommnissen unbekannte ‚magische' Ursachen zu unterlegen, zunutze machen, um Respektspersonen an der Nase herumzuführen. Manchmal wird auch von Leuten ein

Abb. 12: „Hexenspuk". Illustration zu Vogls „Twardowski, der polnische Faust", Holzstich, 1861.

Spuk inszeniert, um den Wert eines Anwesens, das sie vielleicht kaufen wollen, herabzusetzen oder um unerwünschte Mieter zu vertreiben. Handelt es sich nur um Geräusche, um ein Poltern, Klopfen oder Knarren, können ganz natürliche Ursachen, Ratten oder arbeitendes Gebälk, die Wasserleitung oder ähnliches, des Rätsels Lösung sein. Auch Sinnestäuschungen einzelner oder einer Reihe von Personen, sogenannte ‚Kollektivhalluzinationen', können irrtümlich als Spuk aufgefaßt werden."[1]

Die folgenden Meldungen über Poltergeister sind von Parapsychologen untersucht und – mit einer Ausnahme – für echt befunden worden. Die einzelnen Vorfälle sind zeitlich und räumlich über das Bundesgebiet so verteilt, daß sich keinerlei Rückschlüsse ziehen lassen, ob man nun in katholischen oder protestantischen, nord- oder süddeutschen Gebieten eher an Poltergeister glaubt. Die einzige Konstante, die sich aus den Berichten ableiten läßt, ist, daß eine typische Poltergeistepisode zwischen zwei Wochen und mehreren Monaten dauert und daß offenbar jeder davon betroffen sein kann. Eventuell könnte eine genaue psychologische Studie der von Knallen und fliegendem Geschirr heimgesuchten Personen zeigen, daß bei diesen Zeugen eine Neigung vorhanden ist, unzusammenhängende kleinere Unfälle im Haus übernatürlichen Kräften zuzuschreiben – dann wäre das Phänomen nicht parapsychologischer, sondern nur psychologischer Natur, vergleichbar mit den sogenannten „nahen Begegnungen" mit Ufos. Da in den meisten Fällen ein heranwachsender Junge oder ein junges Mädchen im Mittelpunkt des Geschehens stehen, vermuten auch Parapsychologen, daß diese Phänomene nicht orts-, sondern personengebunden sind. Vielleicht entstehen Poltergeister, wenn ein besonders suggestiv begabter Jugendlicher auf gutgläubige Mitmenschen trifft.

Der Spuk von Obertraubing (S. 117f.) zeigt, daß eine rein psychologische Interpretation des Datenmaterials ebenso zutreffend sein könnte wie die parapsychologischen Deutungen. Bisher ist die Debatte weder in der einen noch in der anderen Richtung entschieden worden. In Berlin-Charlottenburg spukte es vom 9. Januar bis zum April 1929, in Gerolstein in der Eifel vom 4. Dezember 1901 bis zum 20. Februar 1902, in Groß-Erlach bei Sulzbach, Schwaben, von Anfang bis Mitte Mai 1916, in Hopfgarten bei Weimar genau zwei Wochen lang im Februar 1921, als eine Frau im Sterben lag, in Leipzig vom 4. September bis 20. November 1931, in Lauterach, Baden-Württemberg, im Herbst und frühen Winter des Jahres 1946, in München im Januar 1927, in Ludwigshafen-Oppau fast ein halbes Jahr ab Oktober 1930, in Scherfede in Westfalen von September bis Dezember 1972, in Peißenberg, Bayern, im Winter 1925 und in Pursruck bei Amberg ab November 1970.[2] Ob und was die Häufung von Poltergeistepisoden in der Zeit von Oktober bis Dezember zu bedeuten hat, ist nicht klar, aber das Raster wiederholt sich in den österreichischen Fällen.

In einem Wohn- und Wirtshaus in Liesebrücke zentrierten sich die Vorfälle auf eine junge Angestellte vom 24. November 1921 bis zum 31. Januar 1922. Dabei sah die Wirtin, Frau Kogelnik, vor ihren eigenen Augen Gegenstände verschwinden. In einer Schmiede in Wien wurden wie von Geisterhänden Kohle und Eisen bewegt, als im Juli und August 1906 ein Poltergeist „einzog". In Vöst bei Feuerbach dauerte die Heimsuchung vom 26. Januar bis zum 5. Februar 1932, in Güssing von September bis Dezember 1925 und in Eggenberg bei Graz vom 25. Oktober bis früh im Dezember 1929.[3]

Immer wieder soll es vorkommen, daß Poltergeister Objekte verschwinden lassen oder verstecken. Im Fall von Nickelheim, der von November 1968 bis Februar 1969 dauerte, verschwanden Gegenstände in einer Wohnung, um dann draußen wieder herabzuregnen. Ein untersuchender Parapsychologe, der die Probe aufs Exempel machen wollte, wurde mit Erfolg belohnt. Er stellte eine Flasche Parfüm auf ein Tablett, bat dann alle Umstehenden, den Raum zu verlassen, und schloß ab. Die Parfümflasche tauchte tatsächlich an der Außenseite des Hauses auf und segelte im Zickzackkurs von der Dachkante bis zum Boden herab.[4] Natürlich sind solche Berichte, die nur gesehen, aber nicht gefilmt oder sonstwie dokumentiert wurden, den üblichen Schwächen menschlicher Wahrnehmung unterworfen.

Im Sommer 1951 untersuchte Professor Bender einen Spuk im mittelbadischen Bühl. Auch hier verschob ein scherzhafter Poltergeist Dinge, etwa Vorhänge. Bender überprüfte das Unglaubliche mit Sherlock-Holmes-Methoden: „Ich ließ das Haus räumen, hängte neue Vorhänge auf und verschloß sämtliche Zugänge mit Klebestreifen. Am Tage nach der Räumung klaffte ein Spalt von etwa 20 Zentimetern. Die Sicherungen waren intakt, es war niemand in der Stube gewesen."[5] Bender beschloß, das Phänomen für die Wissenschaft einwandfrei zu dokumentieren, doch als eine Kamera aufgebaut wurde, tat sich zwei Wochen lang nichts Geheimnisvolles mehr – der Spuk, schlossen daraus Bender und mit ihm andere Parapsychologen, entziehe sich bewußt seiner Beweisbarkeit. Falls es sich beim Spuk tatsächlich um ein uns nicht erklärbares, aber reales Phänomen handelt, wäre das zumindest als Möglichkeit denkbar: Die Ereignisse geschehen nur dann, wenn niemand da ist, um sie zweifelsfrei zu belegen, weil die Kraft, die sich als Poltergeist äußert, einen sehr ironischen Zug trägt.

Hält man Spuk nur für Aberglauben oder für ein psychologisches Problem, dann klingt der „flüchtige Spuk" eher wie ein Ausweg. Stellten doch auch die Forscher, die in den 60er Jahren Loch Ness überwachten, fest, daß sich das Ungeheuer immer nur dann sehen ließ, wenn sie keine Fachleute mit Kameras vor Ort hatten. Die Lösung in diesem Fall war allerdings nicht, wie zuerst vermutet, paranormaler Natur: Die ausgebildeten Beobachter identifizierten das angebliche Ungeheuer als Bootswellen und optische Täuschungen im See, wenn sie bei einer Sichtung anwesend waren. Unkritische Zeugen ohne fachlichen Beistand dagegen verwechselten einfache, alltägliche Erscheinungen mit dem Ungeheuer. Bei den meisten Spukvorfällen handelt es sich um wenig aufsehenerregende Geschehnisse, die man in keiner Weise mit dem Tohuwabohu vergleichen kann, das Steven Spielberg in seinem Film „Poltergeist" inszenierte. Hin und wieder kommt es jedoch zu bedrohlichen und wirklich unheimlichen Szenen.

Der Spuk im Hause des Bürgermeisters von Neudorf im Oktober 1952 schien sich auf den 13jährigen Sohn Bernhard zu konzentrieren. Einmal, berichtete der Bürgermeister dem herbeigeeilten Professor Bender, „brauste plötzlich kurz nach Mitternacht wie eine kleine Granate ein Gegenstand durch das Elternschlafzimmer, in dem auch der verängstigte Knabe schlief, und schlug ein fingernageltiefes Loch in die harte Gipswand. Es war eine Verschlußschraube aus dem ersten Stock." Dann sollen Nägel herabgeregnet sein – ein verbreitetes Motiv in Poltergeistberichten –, die sich unterhalb der Decke materialisierten. „Bernhard zog die Decke über den Kopf, um nicht getroffen zu werden", beobachtete der Vater. Die herabregnenden Gegenstände sollen warm gewesen sein – auch das typisch für die in aller Welt gesammelten Berichte.[6] Neben herabfallenden Gegenständen wurden auch heraufkommende beobachtet. So wollte der Bürgermeister Zeuge gewesen sein, wie eine Wäscheklammer senkrecht an einem Türrahmen hochkletterte, um dann oben im rechten Winkel abzubiegen – fast wie Kugelblitze, die auch ein besonderes Interesse an Gegenständen haben und sie fast systematisch untersuchen.

Der Lehrling Heiner Sch. soll 1965 in einem Bremer Lebensmittelgeschäft Spukphänomene ausgelöst haben. Porzellan, Steingut und Glaswaren sollen bei seiner Anwesenheit zersprungen sein, ohne daß er sie berührte. Auch hier reiste Bender an, um Untersuchungen durchzuführen. Mit Mitarbeitern seines Institutes für Grenzgebiete der Psychologie drehte er mehrere Haken fest in eine Betonwand und stellte den mutmaßlichen Auslöser des Spuks in sicherer Entfernung auf. „Wir beobachteten mit gespannter Aufmerksamkeit und machten Blitzlicht- und Tonbandaufnahmen. Innerhalb von zwei Minuten waren die Schrauben lose, keiner von uns hat sie herauskommen sehen." Als Bender versuchte, den Effekt auf Film festzuhalten, geschah, wie stets in solchen Fällen – nichts!

Bender war auf das Experiment gekommen, weil an Heiner Sch.'s Arbeitsplatz ähnliche Dinge passiert sein sollten. Als der Lehrling später den Arbeitsplatz wechselte, seien, so Bender, erneut Spukerscheinungen aufgetreten. Da die paranormalen Fähigkeiten des Lehrlings sowohl durch anekdotische Erzählungen wie durch spätere experimentelle Überprüfungen nachgewiesen worden sein sollen, wäre es verlockend, in einem so gut belegten Fall einen Beweis zu sehen.[7] Später jedoch hat der Lehrling erklärt, er habe die im Laden beobachteten „Zerstörungsphänomene" selbst inszeniert, indem er zum Beispiel Porzellan gegen die Wand geworfen hätte, als gerade niemand hinsah. Auch Bender will er auf diese Weise genarrt haben, der Gelehrte soll recht leichtgläubig gewesen sein. Bender bestritt natürlich, betrogen worden zu sein, und verwies auf seine umfangreichen Absicherungen. Ob nun der Professor wirklich von einem Jugendlichen getäuscht wurde, oder ob der ein falsches Geständnis ablegte, um sich vom Stigma des Poltergeistes zu befreien: Wer will das entscheiden? Wenn man aber Zeugenaussagen, die von unglaublichen Dingen berichten, Glauben schenkt, dann sollte man zumindest das gleiche Vertrauen den Zeugen gegenüber aufbringen, die die Rätsel konventionell lösen können.

Der Spuk in einer Rosenheimer Anwaltskanzlei ist bekannt als bestdokumentiertester Fall. Dort war im November 1967 der sprichwörtliche Teufel los: Neonröhren an der Decke drehten sich aus ihren Halterungen, Sicherungen flogen heraus, Knallgeräusche wurden gehört, Telefone klingelten oder wählten sechs Mal in der Minute die Zeitansage, ohne daß jemand in der Nähe der Apparate gewesen sein soll. Professor Bender und zwei Physiker, Dr. Karcher und der Diplom-Physiker Zicha, beschlossen im Dezember, den Phänomenen auf die Spur zu kommen; zuvor waren offizielle Stellen gescheitert, die dem Spuk – oder Betrug – das Handwerk legen wollten. Die beiden Physiker schlossen alle konventionellen Ursachen für die Stromstörungen aus: Weder Netzspannungsänderungen, elektrostatische Aufladung, Kondensatoraufladungen, Infra- oder Ultraschall noch starke Erschütterungen und Wackelkontakte sollen für die Störungen verantwortlich gewesen sein. Mittlerweile hatten sich die Erscheinungen verstärkt: Hängelampen schwangen hin und her, Glühbirnen platzten, Bilder rotierten an der Wand und fielen herab, ein zentnerschwerer Aktenschrank ruckte durchs Zimmer – einige dieser Phänomene sollen auf Film aufgenommen worden sein. Die Parapsychologen stellten fest, daß – wie bei fast allen Spukfällen – ein Mensch im Mittelpunkt des Geschehens zu stehen schien.

Die Meßinstrumente, so Bender, „registrierten den ersten Ausschlag mehrmals genau zu dem Zeitpunkt, als die 19jährige Annemarie Sch. das Büro morgens betrat. Auch andere Beobachtungen wiesen darauf hin, daß die Phänomene von ihrer Gegenwart abhängig waren. Ging die junge Frau durch den Flur, begannen die Lampen hinter ihr zu schwingen, explodierten Beleuchtungskörper, flogen die Scherben auf sie zu. Sie schien der unbewußte Auslöser der Erscheinungen zu sein." Als Frau Sch. in Urlaub fuhr, hörte der Spuk schlagartig auf; an einer neuen Arbeitsstelle begann er erneut.[8]

In vielen Poltergeistfällen segeln Gegenstände durch die Luft und auf eine bestimmte Person zu, ohne diese jedoch zu verletzen. Parapsychologen halten diese „Medien" für die Auslöser der Ereignisse; früher dachte man, daß Kinder oder Jugendliche unter den Attacken eines – häufig amourösen – Gespenstes oder Naturgeistes zu leiden hätten. Als 1948 eine böhmische Flüchtlingsfamilie in einem alten Herrenhaus in Vachendorf bei Traunstein unterkam, wurden in einem Zimmer beide Betten mit Steinen, Werkzeugen und anderen Gegenständen bombardiert. Die Mutter sammelte die Werkzeuge wieder ein, packte sie in eine Kiste und setzte sich darauf, um die Attacken zu beenden; kurz darauf mußte sie feststellen, daß sich die Werkzeuge auf geheimnisvolle Weise dematerialisierten, um aus dem Behälter zu verschwinden und außerhalb wieder ihr böses Spiel zu treiben. Diesmal machte der Poltergeist eine Ausnahme und warf einen Holzschuh zielsicher dem Vater der Familie an den Kopf.[9]

Poltergeistattacken werden weltweit zu allen Zeiten fast identisch beschrieben, auch wenn die Deutungen den Vorstellungen der Zeit entsprechend variieren; bei Ufos hingegen passen sich Interpretation und Objekte dem Weltbild an. Das ist als wichtiger Hinweis zu werten, daß hinter Poltergeistfällen ein physikalisch reales Ereignis steht. Allerdings gibt und gab es komplexe Episoden, die Experten täuschten und die trotzdem auf einfachen Betrug zurückgingen, wie im Falle des „Choppers".

Das Interesse der Zeitungen begann im Frühjahr 1982, als bekannt wurde, daß ein sprechender Poltergeist in der Praxis eines Zahnarztes in Obertraubing, Bayern, residiere. Der Geist hatte sich das erste Mal im März 1981 bemerkbar gemacht. Es handelte sich um ein ungezogenes Wesen, das sich selbst „Chopper" nannte. Der „Chopper" rülpste aus dem Wasserhahn, aus dem Abfluß eines Waschbeckens, aus dem Telefonhörer – selbst wenn niemand am anderen Ende der Leitung war. Die Patienten erschreckte er mit obszönen Bemerkungen, und mit der Zahnarzthelferin Claudia Judenmann schien er eine platonische Affäre zu haben. Der Zahnarzt Kurt Bachseitz wurde von dem üblen Geist fast zur Verzweiflung getrieben und erstattete Anzeige gegen Unbekannt. Als die Polizei im Sprechzimmer auf Lauer lag, hörten die Beamten den Geist ebenfalls, konnten aber keine Erklärung für die Ereignisse finden. Experten der Bundespost aus Darmstadt gaben mehrere 10 000 Mark aus, um des Geistes habhaft zu werden – ohne Erfolg. Professor Bender besuchte den Ort und erklärte nach seiner Untersuchung, er hätte zwar keine Indizien für einen Betrug erkennen können, merkte aber an, der Traubinger Poltergeist sei sehr untypisch für seine Art. Worauf der Geist einige unfreundliche Bemerkungen über den Professor fallen ließ. Journalisten belagerten das Haus, *stern* und *Spiegel* widmeten dem Geschehen seitenlange Artikel, TV-Crews gingen in der Praxis ein und aus. Die Patienten wurden interviewt. Ebenso Claudia, die nur mit den Schultern zucken konnte: Sie wisse nicht, wer oder was der Geist sei und warum er sich in sie verliebt habe. Bachseitz beklagte sich, der Geist halte ihm die Patienten fern.

Die Geschichte nahm ein unrühmliches Ende. Journalisten des *Spiegel* hatten beobachtet, daß der Geist nur dann sprach, wenn Claudias Gesicht von den Beobachtern abgewandt war. Die Kameras konzentrierten sich auf das Mädchen, und so konnte bewiesen werden, daß der *Spiegel* mit seiner Vermutung richtig gelegen hatte: „Chopper" war niemand anders als Claudia selbst, die zusammen mit ihrem Chef die Öffentlichkeit getäuscht hatte. Beide gaben zu, der Geisterspaß habe begonnen, als Claudia von Freunden mit verstellter Stimme angerufen wurde. Claudia begann mitzuspielen, und auch der Zahnarzt fand Gefallen an dem Spiel. Das Ganze war nur ein privater Spaß, bis die Zeitungen von der Sache erfuhren und Magazine hohe Summen für ein Exklusivinterview mit dem sprechenden Poltergeist zahlen wollten. Als sogar das Fernsehen regelmäßig über die Ereignisse zu berichten begann, war es zu spät, um das Spiel zu beenden, ohne Verdacht zu erregen. Schließlich befand man Claudia für schuldig, den Geist gespielt, die Polizei getäuscht und die Post zu hohen Ausgaben veranlaßt zu haben. Daß die wackeren Beamten trotz intensivster Nachforschungen dem „Geist" nicht auf die Schliche kamen, macht all jene Fälle verdächtig, bei denen eine erfolglose Untersuchung durch Behörden als Argument für die Echtheit eines paranormalen Ereignisses angeführt wird.[10] Es hat sich aber bei anderen fortianischen Erscheinungen gezeigt, daß Polizeibeamte nicht die besten Beobachter und Interpreten sind.

Kaum vier Monate waren seit dem Spuk in Obertraubing vergangen, als ein zweiter Poltergeist Presseschlagzeilen machte: In Viechtach, wiederum in Bayern, geschahen in einem alten Schulhaus höchst merkwürdige Dinge. Die Phänomene konzentrierten sich diesmal auf einen 13jährigen Jungen. Wasser tropfte von der Decke, obwohl sich in dem Haus nicht einmal Leitungen befanden, Fensterscheiben und Glühbirnen gingen zu Bruch, auch wenn sich niemand in der Nähe befand, und die Splitter fügten sich wie von Geisterhand zu kleinen sauberen Häufchen. Wieder lauerten Polizisten dem Geist auf, und Professor Bender pilgerte zu dem Spukhaus. Und, welch Wunder, der Geist stellte seine Aktivitäten beim Auftauchen der Geisterjäger sofort ein. So konnten weder die Beamten noch Bender irgendwelche übernatürlichen Phänomene beobachten. Später erklärte Bender, der Junge sei „ganz normal" und der Poltergeist sei auf „innere Spannungen" des Kindes zurückzuführen – die konventionelle parapsychologische Erklärung.[11] Bender machte allerdings nicht deutlich, ob er den Spuk für authentisch oder gefälscht erachtete. Vielleicht behielt er das für sich, weil er aus dem Fall „Chopper" gelernt hatte. In einem Interview berichtete Bender, im Sommer 1982 habe es nachweislich an fünf Stellen in Deutschland gespukt.[12] Poltergeister, egal ob die Presse ausführlich über sie schreibt oder sie ignoriert, sind nach wie vor ein Bestandteil unseres Alltagslebens.

Phantome am Himmel

Kurz und knapp meldete die *Süddeutsche Zeitung* am 23. April 1959 auf ihrer ersten Seite ein politisch brisantes Ereignis: „Flugzeuge unbekannter Nationalität haben im Laufe des Dienstags bei 19 Anflügen 45 Bomben 5 km nördlich des Knechtsands, einer Sandbank bei Cuxhaven, ins Meer geworfen. Die Rauchwolken sowie mehrere in großer Höhe fliegende Maschinen wurden von der Bevölkerung der Küstengemeinden und von der Marineküstenwache beobachtet."

Das Verteidigungsministerium bestätigte die Beobachtung. Schnell erklärten das Alliierte Luftwaffenhauptquartier und ein Sprecher der britischen Regierung, es hätte sich weder um amerikanische noch um britische Flugzeuge gehandelt. Die Alliierten hatten den Knechtsand nach dem Krieg als Bombenwurfziel benutzt, doch ihr Vertrag war bereits im Herbst 1957 abgelaufen. Kurz danach wurden die Sandbänke von der niedersächsischen Landesregierung unter Naturschutz gestellt.

Die Regierung konnte es nicht einfach dulden, daß Flugzeuge widerrechtlich Bomben abwarfen. Die „Bombardierung" führte zu heftigen politischen Debatten: Wer war schuld? Welche Rechte hatte die Bundesrepublik gegen die Alliierten? Das Auswärtige Amt schaltete sich ein und fragte bei den NATO-Partnern nach. Das britische Luftfahrtministerium und die Kommandostelle der amerikanischen Luftwaffe in Bonn betonten, sie seien nicht in den Vorfall verstrickt. Ein SPD-Abgeordneter forderte am 24. April in einer kleinen Anfrage im Bundestag Klärung: „Ein Sprecher der Bundeswehr sagte, die Explosionen seien von ausgebildeten Soldaten mit scharfen Ferngläsern einwandfrei beobachtet worden. Die Flugzeuge hätten ihre Anflüge in so großer Höhe vorgenommen, daß ihr Typ nicht habe ermittelt werden können."[1]

Aus einem Ereignis, das angeblich von zahlreichen Küstenbewohnern verfolgt worden war, wurde binnen zweier Tage ein Vorfall, der nur von wenigen Soldaten und nur durch Ferngläser beobachtet worden war.

Fünf Tage nach dem Ereignis, am 26. April, versuchte die Bonner Regierung immer noch, Klarheit zu gewinnen. Der Generalinspekteur der Bundeswehr, Generalleutnant Heusinger, wollte in Paris bei der Stabsbesprechung der NATO auf die Bombardierung hinweisen. Das Bundesverteidigungsministerium schloß nach erneuter Prüfung der Aussagen der Soldaten, es könne sich auch um „Unterwasserexplosionen" gehandelt haben. Und: „Falls die Explosionen von Flugzeugabwürfen herrührten, die aus östlicher Richtung angeflogen sind, so sei ein solches Versagen des Warnsystems der NATO beunruhigend."[2] Die Sprachverwirrung – wer sah jemals „Flugzeugabwürfe anfliegen"? – zeigt die Ratlosigkeit des Bundesverteidigungsministeriums. Eine Erklärung war nötig, und da offenbar niemand für den Angriff verantwortlich war, neigte Bonn immer mehr zu der Auffassung, daß es sich um eine Halluzination gehandelt habe.

Am 27. April erklärte das Verteidigungsministerium zwar noch, die Ursache des Bombardements sei unbekannt, gab allerdings auch zu verstehen, daß zahlreiche Zeugenaussagen über Flugzeugsichtungen sowie „der erste Bericht des Standortkommandanten von Cuxhaven" „nicht authentisch" seien. Ein Sprecher des Ministeriums meinte doppelzüngig: „Die Zeugen haben kein Flugzeug gesehen, die alliierten Radarstationen keine Maschine erfaßt, die mit den angeblichen Bombenabwürfen in Verbindung stehen könnten."[3] Tatsache sei nur, daß Abwürfe gesehen worden seien. Die *Süddeutsche Zeitung* schickte einen Reporter, der recherchieren sollte, was tatsächlich beobachtet worden war. Nur wenig blieb von dem sensationellen Bericht übrig.

Das Feuerschiff *Weser* soll die erste Alarmmeldung über die Bombenabwürfe durchgegeben haben. Der Kapitän äußerte jedoch in einem Seefunkgespräch gegenüber der „Süddeutschen": „Wir haben keine Meldung abgegeben, wir haben nichts gesehen und nichts gehört. Bomben sind nicht gefallen. Das ist ja alles Unsinn." Es stellte sich heraus, daß niemand in Cuxhaven die Detonationen gehört hatte – ganz im Gegensatz zu der Zeit, als der Knechtsand noch offizielles Abwurfziel gewesen war. Einzige Quelle für den mysteriösen Vorfall blieb der Bericht einiger Soldaten. Ein Inspektor der Bremerhavener Wasserschutzpolizei hatte den Aussichtsposten der Bundeswehr in seinem 18 Meter hohen Turm angerufen, um nachzufragen, ob beim Knechtsand ein Flugzeug abgestürzt sei. Der wachhabende Oberbootsmann verneinte, griff jedoch zum Feldstecher und erspähte nun den Phantomangriff. Sofort erstattete er dem Standortkommandanten Hebestreit Meldung.

Hebestreit gab die Anweisung, der Angriff solle sorgfältig beobachtet werden. „Seine Leute, so berichtete Hebestreit heute (28. 4.), hätten vom frühen Vormittag bis in die späten Abendstunden (des 21. 4. 1959) einwandfrei nordöstlich vom Knechtsand weiße Fontänen mit braungelben Raucherscheinungen, die zweifellos von Pulververbrennungen herrühren, ausgemacht. Seine Beobachtungsposten hätten ständig nach Cuxhaven berichtet und bis 19.23 Uhr bei 19 Anflügen mindestens 45 Einschläge gezählt." Flugzeuge seien dabei nicht beobachtet worden. Warum hatte niemand außer den Beobachtungsposten etwas von den Vorgängen bemerkt? Nun, so Hebestreit, wegen der niedrigen Wolkendecke habe man die Flugzeuge nicht ausmachen können, und was die Detonationen anbelangte: „Es herrschten nordöstliche Winde, die den Schall abtrieben."

Die *Süddeutsche Zeitung* kommentierte zynisch: „Mithin bleibt die kuriose Erkenntnis, daß die fraglichen Detonationen so beschaffen gewesen sein mußten, daß sie nur von den durch die Weite des Meeres geschärften Augen und Ohren der Bundesmariner wahrgenommen werden konnten."[4]

Am 29. April meldeten die Zeitungen, daß sich die NATO in Paris auf Wunsch des Generalinspekteurs der Bundeswehr, General Heusinger, mit den Vorfällen beschäftigen werde. Allerdings demontierte das Verteidigungsministerium die Zeugenberichte weiter, ausdrücklich wurde betont, daß weder weitere Aussagen vorlägen, noch irgendein Radar irgendwo die 19 Anflüge registriert habe. Der Londoner konservative *Daily Telegraph* erklärte „diese Angelegenheit zum deutschen Gegenstück des schottischen Loch Ness". Die „Süddeutsche" schlug in einem Editorial als Erklärung Walfische, abstürzende Satelliten und ausbrechende submarine Vulkane vor, denn den Klabautermann könne man schwerlich verantwortlich machen.[5]

Was war an jenem 21. April des Jahres 1959 im Knechtsand bei Cuxhaven geschehen? Handelte es sich um ein NATO-Manöver, das falsch gelaufen war und das die bundesdeutschen Behörden vertuschten, um einen Konflikt zu vermeiden? Oder um Gerüchte, die von den Ängsten der Bevölkerung zu Zeiten des Kalten Krieges und von der Erinnerung an die britische Bombardierung der Insel Helgoland zehrten? Das kann aus dem Abstand von 30 Jahren nicht mehr gesagt werden.

Der Bericht erinnert an Beobachtungen von „Phantomsoldaten", wie sie bereits in früheren Jahrhunderten am Himmel gesehen worden waren. Sah man in Cuxhaven unsichtbare

Flugzeuge, so sahen Zeugen im Sommer 1432 während eines Kriegszuges am Himmel über Westfalen „in der Luft ganz geharnischte Leute mit großer Ausrüstung reiten". „Den Leuten schien es so, als ob sie den Berg herabritten, und die Erscheinung dauerte wohl zwei Tage und zwei Nächte. Das waren große Wunderzeichen." Zu dieser Zeit bekriegten sich der Graf von Katzenellbogen und der Junker Heinrich von Nassau, ein Konflikt, der offenbar auch den Himmel kampfeslustig stimmte – denn über der Pfalz und dem Elsaß tauchten ebenfalls Soldaten auf. Über Zabern sollen es 6000 Mann gewesen sein, die so deutlich zu sehen waren, „daß die Straßburger erschraken und Kundschaft darüber einzogen".[6] In der gleichen Gegend, bei Weißenburg (Wissembourg), „soll im Jahr 1520 um die Mittagszeit ein seltsames Brausen in der Luft und schreckliches Getöse klingender Waffen" gehört worden sein. Dieses Mal wurde zwar nichts gesehen, doch das Klirren der Schwerter klang so echt, daß die Bewohner der Stadt dachten, der Feind wolle sie angreifen.[7]

Im 16. Jahrhundert häufen sich Berichte über Soldaten, Reiter, Heere und blutige Zeichen am Himmel derart, daß sie eher die Regel denn die Ausnahme gewesen sein müssen. Mitteleuropa, von den blutigen Wirren der Religions- und Bauernkriege erschüttert und vom Hexenwahn erfaßt, richtete seinen Blick gegen den Himmel und hoffte auf Zeichen. Zahllose Flugschriften berichten von den damals beobachteten Kometen, Meteoren und Nordlichtern, allerdings in symbolischer und allegorischer Sprache.

Ein von Samuel Coccius im August 1566 gedrucktes Flugblatt berichtet von dem Wunderzeichen, das sich am 7. August des Jahres über der Schweizer Stadt Basel zugetragen hatte. Zum Sonnenaufgang „seind vil großer schwartzer kugeln im lufft gesehen worden, welche für die Sonnen / mit großer schnelle vnnd geschwinde gefaren / auch widerkeert gegen einander gleichsam die ein streyt führten / deren etliche roht und fhürig worden / volgends verzeert vnd erloschen."[8]

Ähnliche „rote und feurige" Kugeln müssen schon ein halbes Jahrzehnt vorher über Nürnberg aufgetaucht sein. Eine Nürn-

Abb. 13: Dieses Himmelsheer soll am 11. Juni 1554 über Nürnberg gesehen worden sein.

berger Flugschrift erzählt von einem „sehr erschröcklichen gesicht", das sich am 14. April 1561 zur Zeit des Sonnenaufgangs zugetragen hatte: „von vielen manns und weybspersonen" wurden „kugeln" und „Ringscheyben" in großer Zahl gesehen, „etwo drey inn die lenge / vnterweylen vier inn einem Quatrangel, auch etliche eintzig gestanden / vnd zwischen solchen Kugeln sein auch etlich blutfarbe Creutz gesehen". Es wurden auch „zwey große rore" gesehen, „in welchen kleinen vnd großen Rorn / zu dreyen / auch vier vnd mehr kugeln gewesen. Dieses alles hat miteinander anfahen zu streyten". Nach etwa einer Stunde „ist es alles wie ob verzeychnet von der Sonnen / vom Hymel herab auff die erden gleich alls ob es alles Brennet gefallen / vnd mit einem großen dampff herunter auff der Erden allgemach vergangen". Ein Objekt, „gleichförmig einem großen schwartzen Speer", das ebenfalls beobachtet wurde, unterstrich das martialische Wirken der unbekannten Flugobjekte.[9]

Bereits vor dem aufsehenerregenden Ereignis von 1561 waren Wunderzeichen am Himmel über Nürnberg erschienen. Am

Abb. 14: Am 7. August 1566 waren über Basel große schwarze Kugeln zu sehen. Flugblatt von Samuel Coccius.

11. August 1550 war ein Mann gerade auf dem Weg von Nürnberg nach Feuchtwangen, als er plötzlich bemerkte, daß sich unter der Sonne ein Regenbogen befand. „Darunter erschien ein Eimer mit Blut, das über einen darunter liegenden Stern geschüttet wurde. Links davon war ein Adler, der die Flügel ausgestreckt hielt." Auf der Flugschrift, die das Ereignis beschreibt, ist zu lesen, die „lieben Christen" sollten sich vor dem Zeichen nicht fürchten, da die Rettung nahe. Der Geistlichkeit der katholischen Kirche allerdings sei es ein Zeichen, „vom sündigen Tun zu lassen".[10] Hinter dieser phantasievollen Deutung steckt unbestreitbar ein Sonnenhalo, eine seltene, aber gut dokumentierte Naturerscheinung, die den Ängsten der damaligen Menschen entsprechend umgedeutet wurde.

Am 24. Juli 1554 erschien ein weiteres „schreckliches und wahres Wunderzeichen" am Nachthimmel der Oberpfalz. „Zwei Ritter im Harnisch kämpften mit Feuerschwertern gegeneinander. Der kleinere von beiden unterlag im Kampf und lag ausgestreckt am Boden, und der Sieger saß auf einem Thron und drohte dem Verlierer mit dem gezogenen Schwert. Schließlich verschwanden beide vom Nachthimmel."[11]

Wie beim Phantomangriff von Cuxhaven handelt es sich wohl bei allen diesen Mirakeln um ganz alltägliche Wolkenformationen, um Luftspiegelungen (die sogenannten „falschen Sonnenaufgänge"), Nordlichter und Kometen. Die Tendenz, ganz konkrete Botschaften und Bilder in diese Naturerscheinungen hineinzudeuten, wird gerade bei den Berichten von Geisterarmeen deutlich.

Manchmal klingen alte Beschreibungen, als seien am Himmel ganze Kinofilme abgelaufen. Um 7 Uhr morgens erschien am 5. Dezember 1577 ein Geisterheer am Himmel über Altdorf in der Diözese Wittemberg. Die Sonne war gerade aufgegangen, als sie sich zu verdunkeln schien. Aber es handelte sich nicht um eine alltägliche Sonnenfinsternis: Kaum war die Sonne verschwunden, da erschien eine zweite, hellere Sonne. Eine schwarze Wolke näherte sich der Sonne, aus dieser Wolke kamen viele in Schwarz gekleidete Männlein heraus, einige zu Pferd, andere zu Fuß. Sie stellten sich in Formation um die Sonne herum auf und marschierten dann am Himmel davon. Jetzt färbte sich die Sonne blutrot und begann, Wolken auszustoßen, die den Soldaten folgten. Die Sonne stieg allmählich höher und nahm dabei ihre gewöhnliche hellgelbe Farbe wieder an, nur ihre Mitte blieb blau. Um 10 Uhr war das ganze Spektakel vorbei.[12] Hier handelte es sich vermutlich um einen „doppelten Sonnenaufgang", eine Fata Morgana, bei der die Sonne farblich und in der Form durch atmosphärische Bedingungen verzerrt wahrgenommen wird. Ein paar unheimliche Wolken, die die aufgehende Sonne rot färbte, taten das übrige.

Zwei Geisterheere, die am 26. Januar 1630 über Rothenburg ob der Tauber miteinander in Streit gerieten, zeigen, wie sehr die Menschen vor diesen Naturereignissen zitterten. Ein zeitgenössischer Augenzeuge beschreibt das Geschehen in einem Einblattdruck in Gedichtform: „Ein großes Wunderzeichen / hat uns Gott sehen lahn ... am Himmel gegen Mitternacht / drey Ruthen oder Besen / die mit Fleiß zusammengelesen. Da diese

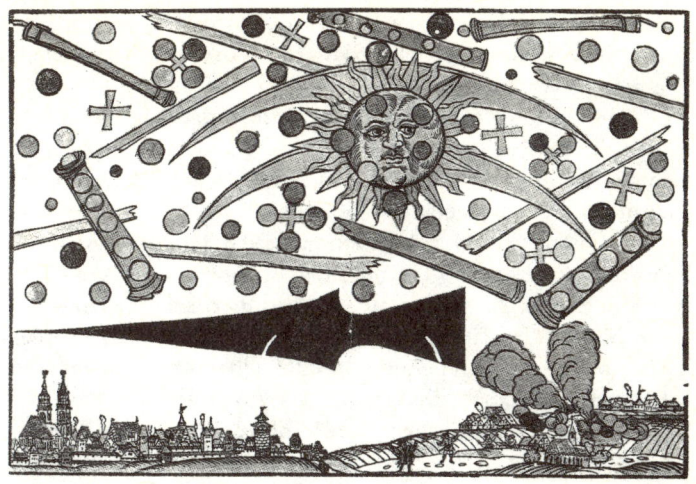

Abb. 15: Das Nürnberger Flugblatt von 1561 zeigt den großen schwarzen Speer und die roten, feurigen Kugeln, die am 14. April des Jahres über der Stadt erschienen sind.

warn verschwunden / hat sich ein helle Blatt / nit weit davon gefunden / die so geschimmert hat / als wenn jetzt sie sich außbreiten / in die höch und zur Seyten / macht angst und bang den Leuten. / Als viel Schuß warn geschehen / am hellen Himmels Craiss / da haben wir gesehen / fein sichtiglich mit Fleiß / zwey große Heere gegn Mitternacht / zusammen sie doch renten / biß sie die Schlacht vollenden. / Eine schwarze Wolke kame / und zog zum Auffgang dar / darinnen man vername / deutlich und offenbar / daß zwey Heer stritten grimmiglich / wie Picken ließ was sehen sich / biß weilen ein Heer verschwande / sich doch bals wider fande / und auf das ander rante. / Da die Schlacht waren gschehn / in Wolken grimmiglich / hat man darauff gesehen / fein klar und eigentlich / viel Wolken gfärbt wie lauter Blut / welches von erschlagenen fließen thut / wann eine Schlacht geschehen / solchs haben wir gesehen / ach wie wirds uns ergehen."[13]

Man hat dieses Naturschauspiel als Nordlicht gedeutet, doch damals hielten es die Menschen für ein Wunderzeichen Gottes, und so endet das Gedicht ein paar Strophen später mit der Bitte des Dichters an Gott, er möge das arme Volk doch von seinem Strafgericht verschonen.

Obwohl Himmelsarmeen auch noch später gesichtet wurden, hielten die Beobachter sie nur noch für Launen der Natur; ab dem 17. Jahrhundert degradierte die Aufklärung die religiösen Deutungen zum Aberglauben. So wurde 1785 an mehreren Tagen ein Geisterheer über Ujest in Schlesien gesichtet, doch die Behörden und Forscher behaupteten, es habe sich um die Luftspiegelung eines Manövers auf der Erdoberfläche gehandelt.[14] Obwohl diese Erklärung mit großer Sicherheit nicht zutreffen dürfte, wurde sie auch benutzt, um die „Phantomsoldaten", die 1860 über Paderborn auftauchten, zu rationalisieren.[15]

Heute sieht niemand mehr Geisterheere über Deutschland – an ihre Stelle sind fliegende Untertassen aus dem Weltraum getreten. In anderen Regionen der Welt kann man die Geisterwesen noch immer beobachten. In Kambodscha sah die Armee des für seine Abergläubigkeit bekannten Regierungschefs Lon Nol noch im Jahre 1972 ein Pferd am Himmel, als sie gegen die gefürchteten Roten Khmer kämpfte. Das Gefecht wurde eingestellt, da ein Pferd am Himmel das Omen für einen neuen Herrscher war. Lon Nol ließ das Ereignis durch seinen Geheimdienst untersuchen, der nach zwei Wochen zu dem Ergebnis kam, es habe sich nur um eine Wolke gehandelt.[16]

Offenbar ist nicht entscheidend, was am Himmel zu sehen ist; den Ausschlag gibt, was die Beobachter zu sehen hoffen, fürchten oder erwarten. Aus natürlichen Phänomenen können fliegende Drachen, Todesomen, streitende Heere oder Angriffe fliegender unidentifizierter Geschwader werden – und auch Raumschiffe aus den Tiefen des Alls.

3. Unerklärliche Naturphänomene

Himmlische Geräusche

Obwohl wir uns in den letzten Jahren an den ständigen Lärm von Flugzeugen und Verkehr gewöhnt haben, packt so manchen hin und wieder die sprichwörtliche „Heidenangst", wenn ein Gewitter von fern grollt oder der Donner ganz nahe ist. Blitze und Donner oder „Luftbeben", die nicht von gewöhnlichen Gewittern verursacht werden, unerklärliche Knalle und Explosionen treten an vielen Orten der Welt auf. Meist sieht und hört man sie über großen Ebenen, zum Beispiel bei Barisal in Indien oder über Belgien, und über größeren Seen und Meeresarmen, so die „Mistpuffer" des Ärmelkanals oder die Knalle über schottischen Seen und in den Buchten Neuschottlands. In Deutschland konzentrieren sich die merkwürdigen Luftgeräusche auf die Ebenen Norddeutschlands und das Bodenseegebiet, wo die Detonationen bis zur Nordseite des Jura und bis zum Elsaß hin zu vernehmen sein sollen.

Über das „Seeschießen" des Bodensees liegt eine Reihe von Dokumenten vor; 1908 häuften sich die Vorfälle derart, daß die Detonationen zum Dauerbrenner in den örtlichen Tageszeitungen wurden. Das bewog den *Kosmos* im Jahre 1909 zu einer ausführlichen Darstellung eigentümlicher Donner- und Grollgeräusche aus aller Welt, die ganz besonders auf das Phänomen des Seeschießens eingeht.[1]

Es ist amüsant zu bemerken, wie bereits 1909 die Meinungen über mögliche Erklärungen auseinanderklafften: Sprachen einige von einem noch unbekannten Naturphänomen, wollten andere das Seeschießen mit unterseeischen Erdbeben erklären. Die ganz Skeptischen dachten an die Möglichkeit, daß das, was die beunruhigten Bürger gehört hatten, in Wirklichkeit nur das ferne Echo von Militärübungen in der Schweiz oder von Steinbruchsprengungen war – und ignorierten, daß das Phänomen aus aller Welt bekannt war. Heute werden „Luftbeben" meistens mit dem Hinweis aus der Welt geschafft, es handle sich nur um Düsenflugzeuge, die die Schallmauer durchbrochen hätten. Es gab 1908 noch keine Düsenflugzeuge, also muß die Erklärung eine andere sein.

Das Seeschießen beschränkt sich nicht nur auf rein akustische Phänomene. Ein Ohrenzeugenbericht im Stuttgarter *Neuen Tagblatt* vom 7. August 1908: „Auf einem Spaziergang von Friedrichshafen nach Manzell, dem sogenannten Seeweg entlang, hörte ich gestern vormittag zwischen 9¼ und 9½ Uhr mehrmals ein dumpf-rollendes Geräusch wie fernen Donner, das vom Schweizer Ufer herzukommen schien; da jedoch der Himmel vollständig wolkenlos war, dachte ich gleich an das zur Sommerszeit vorkommende Seeschießen, das ich schon seit einer Reihe von Jahren am See gehört habe, und das von den Detonationen ferner Geschütze gut zu unterscheiden ist. Am ähnlichsten tönt das Seeschießen, wie gesagt, dem Rollen eines fernen, nicht zu lange anhaltenden Donners. In der Nähe von Seemoos setzte ich mich auf eine schattige Bank hart am See und bewunderte den spiegelglatten See, der regungslos da lag, weit und breit war kein Schiff zu sehen. Es war 10 Uhr. Da bemerkte ich 600 bis 800 Meter vom Ufer entfernt im See eine etwa 15 bis 20 Meter lange Wasserwelle, die ich anfangs für einen herauswachsenden Seegrasstreifen hielt; bei schärferem Zusehen nahm ich aber wahr, daß die Welle sich ganz allmählich und zwar parallel dem Ufer näherte. Vor und hinter dieser Wasserwelle, die aus 4 bis 5 einzelnen Längswellen mit kurzem Abstand bestand, war das Wasser vollständig ruhig und glatt; es war also kein Anschwellen und Nachlassen des Wassers zu bemerken, wie es bei den am Ufer sich brechenden Dampfbootwellen vorkommt, die sich überdies am Ufer fortschreitend brechen. Bei dieser ganz eigenartigen Wasserwelle drängte sich mir der Gedanke auf, ob hier nicht ein Zusammenhang mit dem vor einer halben Stunde gehörten Seeschießen vorliegt? Etwa in der Weise, daß bei dem ‚tiefen Schweb', der tiefsten Senkung des Bodensees zwischen Manzell und Uttwill, ein Erdrutsch eingetreten und das Seeschießen und die genannte Welle verursacht hat? Weitere solche Wasserwellen konnte ich nicht mehr beobachten."

Abgesehen davon, daß wirklich kein Zusammenhang zwischen beiden Ereignissen bestehen muß und sich das zweite beschriebene Phänomen wie eine verschleppte Schiffswelle anhört, klingt jenes Seephänomen wie eine der ungezählten Sichtungen des Ungeheuers von Loch Ness. Offenbar können diese seltsamen Wellenformationen nicht nur in Seen mit Ungeheuern, sondern in allen größeren Seen auftreten.

Am 18. September 1908 wurde ein bis zwei Sekunden lang ein „dumpfes unterirdisches Rollen" gehört, das in Friedrichshafen im Vier- bis Fünfminutentakt den ganzen Vormittag über zu vernehmen war. Es schien aus der Richtung von Konstanz zu kommen. Die Erklärung, es habe sich um den fernen Widerhall einer Schießübung der Schweizer Artillerieschießanlage Frauenfeld gehandelt, die rund 30 Kilometer entfernt liegt, ließen die Seeanrainer nicht gelten. Obwohl dort tatsächlich scharf geschossen wurde, sei das Geräusch nicht mit fernem Kanonendonner zu vergleichen gewesen. Und eine zweite Standarderklärung schied ebenfalls aus: „Die vielfach ausgesprochene Annahme, das ‚Seeschießen' rühre von Lawinenstürzen im nahen Säntisgebiete her, konnte in diesem Fall nicht zutreffen, weil an jenem Tage weder dort noch in Vorarlberg Lawinen gefallen sind."[2]

Zuletzt wurde das Seeschießen in jenem Jahr am 15. November gehört. Ein zeitgenössischer Zeitungsbericht faßt die Ereignisse zusammen: „Eine besonders starke Ausprägung des Seeschießens wurde heute vormittag gegen 11 Uhr am Bodensee beobachtet. Allenthalben am Seeufer wurde um diese Zeit eine Detonation wie von anhaltendem Artilleriefeuer oder einem rasch ausbrechenden Gewitter vernommen; in Friedrichshafen wurde dabei eine Erschütterung wie bei einem Erdbeben verspürt."[3]

1908 war ein Jahr mit zahllosen Wetteranomalien in Deutschland, Kugel- und Spiralblitze wurden beobachtet und in der Presse berichtet. Das besonders stark auftretende Seeschießen sorgte für eine Diskussion dieser rätselhaften Knallgeräusche in den Leserbriefspalten der Zeitungen. F. Regensberg, der das Phänomen 1909 im *Kosmos* besprach, listete weitere Gegenden in Deutschland auf, in denen die Luftdetonationen ebenfalls registriert worden waren: Spessart, Taunus und Erzgebirge. Regensbergs Fazit, mit dem er seinen Artikel beendet, hat noch heute Gültigkeit: „Immerhin sind die vorstehend beschriebenen Schallerscheinungen im In- und Auslande bis heute hinsichtlich ihrer wahren Ursachen noch durchaus nicht sicher erklärt, so daß genügend Grund vorliegt, diesen in streng wissenschaftlicher Weise weiter nachzuforschen."[4]

Ein anderes, möglicherweise erklärtes Geräuschphänomen ist das Brüllen der Eifelmaare.[5] Jeweils im Winter, so die Sage, kommt ein gewaltiges, furchterregendes Brüllen aus den Tiefen der Kraterseen – und zwar immer dann, wenn die Oberfläche zugefroren ist. Wissenschaftler erklären das Geräusch als Resultat des Aneinanderstoßens und Aneinanderreibens der Eisplatten und Eisbruchstücke auf dem See.

Das Phänomen des „Seebrüllens" ist auch aus anderen Ländern mit großen Seen bekannt und wird gemeinhin als Lautäußerung eines gewaltigen Wassermonsters gedeutet. Wie die seltsame Welle damit erklärt werden könnte, daß es die im Bodensee hin und wieder beobachteten Wasserdrachen tatsächlich gibt, besteht auch beim Maarbrüllen eine Verbindung mit Seeungeheuern. Es ist eine alte Vorstellung, daß die zerstörerischen Kräfte des Sees ihre Ursache in einem Fisch- oder Schlangenmonstrum haben, das auf dem Seegrund sitzt und sich ab und zu an die Oberfläche begibt: Dort frißt es Schwimmer, bringt das Wasser zum Wallen und den See zum Überlaufen.

Das Ungeheuer vom See Vesturhop ist ein Beispiel aus Island. An Weihnachten ging der Bauer Kolbein über den zugefrorenen See, einen Schafskadaver als Weihnachtsbraten über die Schulter gehängt. „Als er in der Seemitte angelangt war, hörte er hinter sich ein Grollen. Das Eis spaltete sich, und ein großes Ungeheuer mit acht Beinen kam aus dem Wasser. Es glich zwei Pferden, die am Rumpf zusammengewachsen sind, und schien zwei Köpfe zu besitzen. Das Untier kam auf Kolbein zu, und als er merkte, daß es ihn einholen würde, ließ er den Kadaver fallen und rannte um sein Leben. Als er am nächsten Tag zu dem Ort zurückging, war das Schaf verschwunden – nur noch ein paar Knochensplitter waren übriggeblieben."[6]

Die gleiche Sage ist aus Schottland bekannt. Im Loch Awe, einem Meeresarm nördlich von Glasgow, lebte ein zwölfbeiniges „großes Tier"; es ähnelte einer Kreuzung zwischen Riesenaal und Pferd. Wenn Loch Awe mit Eis bedeckt war, fanden die Anrainer seltsame Risse im Eis und hörten das Brüllen des Monsters, das durch die Eisschicht brechen wollte.[7]

Ob diese Sage von den Wikingern nach Schottland getragen wurde und auf Sleipnir, das vielbeinige Roß des germanischen Gottes Odin, verweist, oder ob die schottische Sage mit den gälischen Entdeckern nach Island kam, ist belanglos. Es gibt sie ebenso in der deutsch-slawischen Mischkultur Posens, wo Fischer im 16. Jahrhundert beim Eisangeln auf ein teuflisches Wasserungeheuer stießen.[8] In den Eifelmaaren sollen riesige Fische und Monsterhechte mit bemoostem Rücken hausen, denen man das winterliche Brüllen der Maare zuschreiben kann.

Man macht es sich zu einfach, den Glauben an im Eis eingeschlossene, brüllende, vielbeinige Monstren, die sich befreien wollen, ironisch zu kommentieren, wenn man gleichzeitig das Seeschießen auf 1908 noch gar nicht erfundene Düsenflugzeuge zurückführt, die die Schallmauer durchbrechen. Beide Male wird ein merkwürdiges Phänomen mit etwas erklärt, das für den Erklärenden zum Alltag gehört und daher selbstverständlich ist: Für den einen sind das Drachen in Seen, für den anderen Düsenflugzeuge am Himmel.

Bei einer Reihe von Himmelsexplosionen, die 1977 Norddeutschland erschütterten, verwiesen die Behörden auf eine neuartige Düsenmaschine. Vom 1. bis zum 10. November wurden in einem größeren Gebiet, das in Südniedersachsen, Nordhessen und entlang der damaligen innerdeutschen Grenze lag, „mysteriöse Doppelknalle" gehört. Der Schriftsteller Johannes Fiebag hat damals die Zeitungsberichte gesammelt und sie in einem Buch wiedergegeben.[9] Da die Knalle so laut waren, daß Fenster und Türen vibrierten, Bilder von den Wänden fielen und Geschirr in den Schränken schepperte, wandten sich die Betroffenen an Polizei, Behörden und Presse und verlangten Aufklärung. Die Presse übernahm von Anfang an die These, daß Militärmaschinen die Ursache seien. Als das Knallen im Verlauf der ersten Novemberwoche auch über Ostwestfalen und Hamburg zu hören war und dort für Unruhe sorgte, reichte die Erklärung von der „neuartigen Düsenmaschine" nicht mehr aus. Die Bevölkerung wollte von den Politikern Typ und Nationalität der Flugzeuge wissen und drang darauf, die Flüge zu stoppen.

Allein, das erwies sich als überaus schwierig. Die *Hessisch-Niedersächsische Allgemeine* notierte am 8. November: „Das Bundesverteidigungsministerium in Bonn gestern auf Anfrage unserer Zeitung: ‚Kein Kommentar' ... Der Kasseler Standortälteste, Oberst Heistermann, hat die Vorfälle der vergangenen Tage als Disziplinlosigkeit bezeichnet. Er bedauerte, trotz mehrfacher Anfrage immer noch keine Antwort vom Luftwaffenamt in Köln zu haben." Und am 9. November kommentierte die Zeitung das Geschehen: „Das Durchbrechen der Schallmauer durch Militärmaschinen, das in den vergangenen Wochen entlang der innerdeutschen Grenze einen donnerähnlichen ‚Knallteppich' verursachte, sei nicht auf Maschinen der Bundeswehr zurückzuführen. Das erklärte der Luftwaffensprecher des Bundesverteidigungsministeriums in Bonn gestern ‚definitiv'. Der Militärsprecher betonte, es handelte sich bei den Überschall-Militärmaschinen ‚mit Sicherheit um keine aus dem Ostblock'."

Wer kam nun in Verdacht? Die Amerikaner. Das Verteidigungsministerium bat das Oberkommando der Alliierten Luftstreitkräfte in Ramstein um Klärung. Die ließ nicht lange auf sich warten: „Eine superschnelle amerikanische Aufklärungsmaschine des Typs Lockheed ‚SR 71' ist Schuld an der rätselhaften Überschallknallerei, die in den vergangenen Wochen die Bevölkerung von Nordhessen und Südniedersachsen beunruhigte. Das teilte gestern abend offiziell der Luftwaffensprecher des Bundesverteidigungsministeriums in Bonn mit", berichtete die *Hessisch-Niedersächsische Allgemeine* am 11. November.

„Die US-Maschine, die zwischen Nordhessen und dem Raum Flensburg mehrfach die Schallmauer durchbrach, sei im Rahmen einer NATO-Mission geflogen."

Eine Erklärung wurde gesucht, und eine Erklärung wurde gefunden. Ob sie zutraf – wen kümmerte es? Das Militär, das sich schon im Falle der mysteriösen Flugzeuge bei Cuxhaven als Beobachter bewährt hatte,[10] konnte die Vorfälle ad acta legen. Daß sowohl Charles Fort vor 50 und der *Kosmos*-Autor Regensberg vor 70 Jahren im gleichen Gebiet von Luftbeben und geheimnisvollen Knallen berichtet hatten, wird in so einfachen Erklärung selbstverständlich nicht erwähnt.

Ein neuer Flugzeugtyp, die französische *Concorde*, sollte die Ursache für die im Sommer 1977 entlang der amerikanischen Ostküste aufgetretenen Luftexplosionen sein. Andere Länder, andere Schuldige. Doch die Erscheinung selbst bleibt konstant. 1979 raubte ein Himmelsgeräusch zahlreichen Mannheimern den Schlaf. Diesmal wurde ein Großkraftwerk als Schuldiger ausgemacht, wobei sich die Frage stellt, warum es nur an einem einzigen Tag – und nicht immer bei gleichen äußeren Voraussetzungen – so mysteriöse Geräusche von sich gab. Es war an einem Sonntagmorgen im Januar 1979 um 5 Uhr früh, als die Mannheimer von „seltsamen und beunruhigenden Geräuschen", von einem „Lärm" geweckt wurden, „der sich nach übereinstimmenden Aussagen mehrerer Befragter anhörte wie Donnergrollen und das Zischen eines mit hohem Druck ausströmenden Gases".[11] Das Geräusch schien aus dem Stadtteil Feudenheim zu kommen und hielt mehrere Minuten lang an. Neugierige, die aus den Fenstern lugten, konnten keine Ursache des Donners entdecken, der Himmel blieb bis zum Verstummen des Lärms um 5.15 Uhr bedeckt.

„Viele der aus dem sonntäglichen Schlaf Gerissenen", berichtete die Zeitung *Rheinpfalz*,[12] „befürchteten eine Explosion, andere spekulierten sogar mit der Vermutung, es müsse sich um ein UFO, ein unbekanntes Flugobjekt, gehandelt haben, das Mannheim überflog. Die Feuerwehr und die Polizei registrierten in der Tat zahlreiche Anrufe, konnten aber auch keine Erklärung geben. Allerdings sei es durchaus möglich, daß im

Großkraftwerk Neckarau Überdruck abgelassen worden sei und ungünstiger Wind dieses Geräusch verursacht habe."

Wenn ein Grollen oder Donnern am Himmel zu hören ist, das weder dem bekannten Gewitterdonnern noch dem Überschallknall eines Düsenjägers ähnelt, stehen mindestens neun gängige Erklärungen zur Auswahl, die das befremdliche Gefühl, etwas Unbekanntes erlebt zu haben, mit sofortiger Wirkung besänftigen können:

1. Es handelt sich um fernen Geschützdonner oder
2. um Sprengungen in einem Steinbruch, vielleicht auch
3. um Lawinendonner oder
4. um ein acht- bzw.
5. zwölfbeiniges Seeungeheuer, wenn nicht
6. eine Lockheed-Versuchsmaschine oder
7. die *Concorde,* im schlimmsten Fall
8. ein UFO vorüberfliegt oder
9. ein Großkraftwerk Druck abläßt.

Das soll nicht heißen, daß keine dieser Erklärungen zutreffen könnte oder daß es keine konventionelle oder natürliche Erklärung mysteriöser Phänomene gibt. Aber es heißt, daß Behörden, Presse und manchmal auch Wissenschaftler für etwas Unerklärliches sehr vorschnell die Auflösung des Rätsels präsentieren. Besonders bei den rätselhaften Eismeteoren, die mit beeindruckender Regelmäßigkeit Hausdächer in aller Welt durchschlagen – und das schon seit Jahrhunderten – ist dieses Hinwegerklären so augenscheinlich, daß es auch klammheimliches Vergnügen bereiten kann.

Kalte Grüße von oben

Die Meldung der Nachrichtenagentur war knapp und klang kurios, aber nicht sonderlich aufregend. Sie erschien am 6. August 1991 in mehreren Tageszeitungen: „Eisbrocken durchschlägt Hausdach. Aus heiterem Himmel ist ein fußballgroßer Eisbrocken auf das Dach eines Einfamilienhauses in Augsburg gestürzt. Es entstand ein ein Quadratmeter großes Loch. Bei dem grünen und stinkenden Fremdkörper handelte es sich um gefrorene Fäkalien eines Verkehrsflugzeuges."[1] Eine vergleichbare Meldung erscheint nahezu jeden Monat in den Zeitungen. In Deutschland krachen im Schnitt jährlich zwei bis drei Eisbrocken auf die Erde, weltweit dürfte es sich um mehrere hundert handeln. Die britische Zeitschrift *Fortean Times,* die Buch über mysteriöse Ereignisse führt, kann pro Jahr mehrere Dutzend Vorfälle nur aus Großbritannien sammeln.

Sind Flugzeuge so schlecht konstruiert, daß sie routinemäßig mit ihren Flugzeugtoiletteninhalten den Boden bombardieren? Gewöhnlich tauchen die Meldungen in den Zeitungen vereinzelt auf, doch manchmal können sich mehrere Fälle pro Woche ereignen, und dann weisen die Luftfahrtgesellschaften in schöner Regelmäßigkeit darauf hin, daß der Fäkalienverlust der Flugzeuge unerklärlich und die Konstruktion der Flugzeuge auf keinen Fall dafür verantwortlich sei. Ein Dementi, um Schadenersatzklagen und Imageverlust vorzubeugen? In manchen Fällen sicher, aber: Am 12. Mai 1848 schlug ein sechs Pfund schwerer Eisbrocken in Weimar auf.[2] Passagierjets aus jener Zeit sind nicht bekannt, die übliche Erklärung kann nicht in jedem Falle stimmen. Grund genug, eine kleine Chronik solcher Eisbomben zu erstellen.

Man muß nicht so weit gehen wie der österreichische Ingenieur Hanns Hörbiger (1860–1931), der 1912 in seinem Buch *Glazial-Kosmogonie* behauptete, die ganze Welt bestehe aus Eis: der Mond, ein grauer Eisbrocken im All, die Milchstraße, ein Band aus Eiskristallen. Alles Wasser, das der Erde die Fruchtbarkeit garantiert und das Leben hier möglich macht, stamme von diesem „Welteis". Vor kurzem haben amerikanische Wissenschaftler die verwandte Theorie veröffentlicht, die Eisbrocken könnten Reste von Kometen sein, die in die Erdatmosphäre eintauchen. Welteis, Kometenreste oder Flugzeugtoilette?

Ein kindskopfgroßer Eisball ging im Oktober 1978 bei Köln nieder.[3] Am 5. Januar 1988 hörte ein Lehrer in einem Einfamilienhaus in Bad Abbach um 10.10 Uhr einen lauten Schlag und ging in seinen Garten, um nachzusehen. Dort fand er Stücke von Dachziegeln und schließlich ein fußballgroßes Loch im Dach. Der Eisbrocken hatte eine Gipsschicht unter dem Dach durchschlagen und war im Erdgeschoß gelandet. Dort lagen, so schreibt der Polizeibericht, „eine große Zahl taubeneigroßer Eisstücke". Schnell lagerte der Lehrer die verbliebenen Stücke in seinem Kühlschrank, und ebensoschnell schlossen die Ermittler der Kelheimer Polizei aus der Angabe des Zeugen, er habe unmittelbar vor dem Einschlag Fluglärm gehört, daß „Flugverkehr als Ursache nicht auszuschließen sei". Der Münchener Wetterdienst verneinte meteorologische Erklärungen, gab aber zu, daß das Phänomen nicht unbekannt sei: „Von Zeit zu Zeit würden sich Eisstücke, häufig gefrorenes Abwasser, von den Ablaufstutzen einzelner Flugzeuge lösen." Um Hagelschlag jedenfalls könne es sich nicht gehandelt haben.[4]

Die Flugzeugtoilette war im Westen offensichtlich gängiger als in der ehemaligen DDR, denn als im August 1988 ein Eisbrocken mit 17 Zentimetern Durchmesser und einem Gewicht von 180 Gramm bei Weistropp in der Nähe Dresdens aufschlug, da hatten Polizei und die offizielle Nachrichtenagentur ADN keine Erklärung. Der Finder packte den Brocken in seinen Kühlschrank, und Spezialisten des Leipziger Strahlenforschungsinstitutes holten den kalten Himmelsgruß im Oktober ab, um ihn zu analysieren – leider wurde nicht bekannt, zu welchen Ergebnissen die Experten kamen.[5]

Ein dritter Eisfall des Jahres 1988 traf am 17. Dezember ein Haus in Poing im Kreis Ebersberg in Bayern. Auch hier – wie bei praktisch allen Fällen von Eismeteoren – durchschlug der Brocken ein Hausdach, so daß man sich eher an Poltergeistüberfälle denn an natürliche Vorfälle erinnert fühlen mag. Das Eisstück traf ein Dachfenster und sorgte im Haus für einige Unordnung. Die Polizei spekulierte, daß sich das Eis auf einem Flugzeug geformt habe, bevor es niederging.[6] Auch über Poing hatte man kurz vor dem Fall Flugzeuge gehört.

Im August 1990 schlug es in Deutschland zweimal innerhalb von vierzehn Tagen ein. Am 12. August arbeitete ein Mann in seinem Garten in Sinsheim-Hilsbach im nördlichen Kraichgau, als ein zehn Kilogramm schwerer Eisbrocken neben ihm auf den Boden krachte. Der Mann und seine Familie hörten ein pfeifendes Geräusch und sahen einen kalten, glitzernden Stein, der aus einem wolkenlos blauen Himmel auf sie herunterraste. Die Eismasse grub sich in den Rasen zwischen dem Wohn- und dem Gewächshaus und begann sofort zu schmelzen – das Thermometer zeigte 30 Grad Celsius im Schatten. Das Eis war, „ohne Zweifel auf einem Flugzeugflügel entstanden", zu schwer geworden und herabgefallen.[7]

Am 24. August krachte ein weiterer Eismeteor durch ein Dach in Vettweiß bei Düren in Nordrhein-Westfalen. Diesmal mußten nicht nur die Ziegel, sondern auch der Schornstein dem Eis weichen. Der Klumpen hatte Fußballgröße und soll, so die Presseberichte, als gefrorene Fäkalien identifiziert worden sein. Ein Sprecher der *Lufthansa* erklärte, daß sich tiefgekühlte Fäkalien nur aus defekten Toiletten lösen könnten.[8]

Der Zwischenfall wurde in der Sammlung moderner Sagen *Die Maus im Jumbo-Jet* zitiert[9]. Der Autor, Rolf Wilhelm Brednich, führt die Eisbombe von Vettweiß als Beispiel einer modernen folkloristischen Erfindung an. Er weist zwar richtig darauf hin, daß die Erklärung von der gefrorenen Flugzeugtoilette wenig überzeugend ist, folgert aber fälschlicherweise, die Meldung sei unwahr. Vielleicht wäre es sinnvoller gewesen, mit den Menschen zu sprechen, denen angeblich erfundene Geschichten das Dach zerstört haben. Brednich nimmt an, diese Wandersage sei dadurch entstanden, daß jemand das Prinzip der Zugtoilette einfach auf Flugzeuge übertragen habe. Das scheint so nicht zu stimmen, denn selbst ein Sprecher der *Lufthansa* räumt ein, daß gefrorene Toiletteninhalte durchaus einmal herunterfallen können. Eine Meldung über einen amerikanischen Eismeteor beurteilt Brednich als Variante des deutschen, nach seiner Meinung erfundenen Vorfalls, obwohl der Eisfall in den USA durch Fotos belegt ist. Über den Umweg über Brednichs Buch kam der Vettweißer Fall erneut in die Presse und wurde von einigen Zeitschriften aufgewärmt. Danach ereignete er sich im Juni 1991![10]

Nur bei einem einzigen Vorfall, der sich im Februar 1991 in der Schweiz ereignet haben soll, ist die in der Presse gegebene

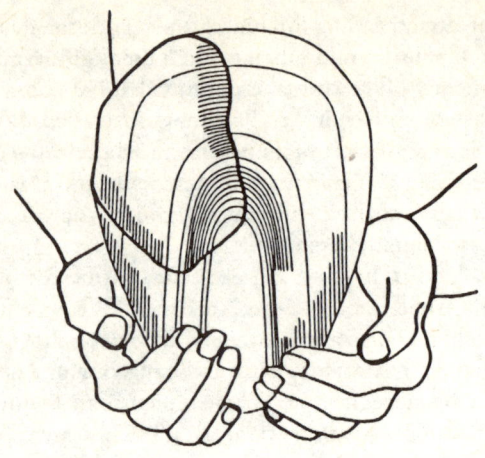

Abb. 16: Der seltsame Eisbrocken, der am 2. April 1973 vor dem Meteorologen Dr. Richard Griffiths herabfiel.

Erklärung einleuchtend. Ein 72jähriger Autofahrer wurde durch einen „herunterfallenden Eisblock" getötet. Als er am 26. Februar bei Bern unter einer hohen Felswand entlangfuhr, löste sich ein riesiger Eiszapfen, der das Autodach durchschlug.[11] Das ist vermutlich das einzige Todesopfer, das die Eisbomben, trotz ihrer Vorliebe für Wohnhäuser, bisher gefordert haben – es sei denn, man zählt die Fische mit, die angeblich im Jahre 1896 in Essen vom Himmel fielen: Sie sollen tiefgefroren gewesen sein.[12]

Eismeteoriten treffen und trafen nicht nur Deutschland: 1897, ein Jahr nachdem Essen durch kalte Fische verblüfft worden war, fiel ein kopfgroßer Eisblock in Kärnten.[13]

Die um die Jahrhundertwende herabgefallenen Eistrümmer zeigen, daß die Flugzeugtoilettentheorie im besten Falle nur auf einige der genannten Berichte zutreffen kann; man muß sich nach einer anderen Erklärung des Problems umsehen. Ein Meteorologe, Richard Griffiths aus Manchester in Mittelengland, hat am 2. April 1973 selbst das Herabstürzen eines kalten Klumpens beobachten können. Geistesgegenwärtig sammelte er ihn auf und legte ihn in den Kühlschrank. Laboranalysen zeigten, daß es sich bei dem Fundstück nicht um die Zusammenballung zahlreicher Hagelkörner und nicht um Fäkalien aus der mittlerweile sprichwörtlichen Flugzeugtoilette handelte. Tatsächlich bestand Griffiths' Eismeteor aus 51 Eisschichten, die wie Zwiebelschalen übereinander saßen, jeweils von einer dünnen Schicht aus Luftblasen voneinander getrennt. Die Kristallgröße der einzelnen Partikel soll über der von Hagelkörnern gelegen haben. Der von Griffiths aufbewahrte Teil von zwei Kilogramm Gewicht war nur ein Bruchstück des Originals; das größte bekannte Hagelkorn, das die Wissenschaft anerkennt, wog dagegen nur 0,7 Kilogramm.[14] Somit, so Griffiths, wisse er nun, „was alles der Eisblock nicht war, aber nicht im geringsten, was er war. Diese Frage kann ich beim besten Willen nicht beantworten".

Charles Fort, der große Spötter, hielt Erklärungen von Experten für die besten Witze überhaupt. Sein schalkhafter Vorschlag: „Nun zu einem relativ komplizierten Teil der neuen Geographie. Es gibt große Eisfelder in der Luft. Als ich erst einmal selbst daran zu glauben begann, sah ich deutlich enorme Eismassen vor mir, einige Meilen über der Erdoberfläche – Wasser rinnt herab und formt Eiszapfen an der Unterseite. Ich glaube, ich blickte hoch und sah deutlich diese Eiszapfen wie Stalaktiten von einer ebenen Höhlendecke herunterhängen. Das ist die Arktis der Super-Sargassosee, die in der Atmosphäre schwebt: Manchmal hängt so ein Eisfeld wochenlang über einer bestimmten Ecke der Welt – die Sonne wirkt auf es ein, doch nicht sehr stark, und irgendwann, spät nachmittags zum Beispiel, ist ein Teil davon geschmolzen, Wasser fällt vom wolkenlosen Himmel, Tag für Tag, über einer bestimmten Gegend der Erde."[15]

War es einer von Forts Stalaktiten, der, von einer Eisinsel im Himmel abgebrochen, 1967 bei Kempten niederging? Er soll 1,80 Meter lang gewesen sein und einen Umfang von 15 Zentimetern gehabt haben.[16]

Dinge, die vom Himmel fallen

Dinge, die vom Himmel herabfallen, seien es nun Steine, Wasser oder seltene Niederschläge wie Fische, Sand, Blut und Schnecken, waren zu allen Zeiten Bestandteile der Kosmologien und Religionen. Im Alten Testament läßt Jahwe Manna und Feuer vom Himmel regnen, und der Islam verehrt einen heiligen schwarzen Stein in der Kaaba in Mekka, der zu Urzeiten von einem Engel auf die Erde gebracht wurde. Die Kelten fürchteten, der Himmel könne ihnen aufs Haupt fallen, weil sie Meteoriten beobachtet hatten, und folgerten, der Himmel sei eine aus Stein gefertigte, schädelartige Decke. Der Regen, der vom Himmel fällt, bringt den Feldern Fruchtbarkeit und garantiert die Ernte, der Hagel kann die Ernte in wenigen Minuten vollkommen vernichten und ein ganzes Jahr harter Arbeit zerstören – dort oben, von wo die wunderlichsten Dinge herabfallen, dachte man, mußten wohl auch die Gewalten hausen, die über unser Leben entschieden.

Nach Charles Fort waren Dinge, die vom Himmel fielen, stets aufgeteilt in „verdammte" und „akzeptierte". Die „verdammten" sind all die Fälle, für die die Wissenschaft das Kästchen Betrug und Aberglaube geschaffen hat, „akzeptierte" sind dagegen all jene Fälle, für die die Wissenschaft eine passable Erklärung gefunden hat und die daher vom Aberglauben zum allgemein akzeptierten naturwissenschaftlichen Wissen geworden sind.

Im 19. Jahrhundert akzeptierte man, daß Hagel und Regen vom Himmel fielen, doch Steine und Eisenbrocken von oben waren Aberglaube. Später akzeptierte man Meteoriten, zeigte sich aber immer noch skeptisch in bezug auf große Eisbrocken. Seit der Aufklärung, die den Volksaberglauben zu rationalisieren versuchte, sind die Erklärungen für völlig ungewöhnliche Niederschläge gleich geblieben: Regnet es Fische, dann hat ein Wirbelwind sie hochgehoben und wieder fallen gelassen, desgleichen Muscheln, Schnecken und anderes Getier; Schwefel-

Abb. 17: Darstellung eines Fischregens aus der „Historia de gentibus septentrionalibus" von Olaus Magnus, 1555.

und Blutregen gehen auf Verfärbungen durch Pollen oder „Saharasand" zurück; Eisbrocken sind eben gefrorene, aus lecken Flugzeugtoiletten herausgefallene Fäkalien. All diese Erklärungen mögen zutreffen oder nicht: Hier soll uns nur das Unglaubliche beschäftigen, das Augenzeugen immer wieder erlebt haben.

Hebel und Chladni

Der Dichter Johann Peter Hebel (1760–1826) schrieb schon im 19. Jahrhundert eine Kurzgeschichte über mysteriöse Niederschläge. Hebel wurde 1760 in der Schweiz geboren und starb 1826 in Schwetzingen. Er verstand sich selbst als Vertreter der Aufklärung, und in den Jahren 1808 bis 1811 veröffentlichte er alljährlich einen Kalender mit Kurzgeschichten für gebildete Bürger und Bauern. In einer Zeit, in der immer noch Unwissenheit und Aberglaube herrschten, versuchte er, die einfachen Leute wissenschaftlich und politisch zu bilden.

Eine der Hebelschen *Kalendergeschichten* heißt „Mancherlei Regen". Hebel behandelt Regen von Schwefel, Blut und Fröschen, und er hatte jedesmal, wie es dem Stil der Zeit entsprach, eine einfache „wissenschaftliche" Erklärung: All solche Erscheinungen sind nur alltäglicher Regen, von Pollen verfärbt, oder das Resultat von Wirbelwinden und Wasserhosen. Hebel erwähnt Regen von Steinen, die er für authentisch hält, auch wenn ihm dazu keine rechte Erklärung einfallen mag. Die Geschichte von herabregnenden Soldatenhüten führt er auf einen Wirbelwind zurück.[1]

Der deutsche Physiker Ernst Florens Friedrich Chladni (1756–1827) beschäftigte sich intensiv mit Dingen, die vom Himmel fallen. Obwohl das wissenschaftliche Dogma seiner Zeit besagte, daß Meteoriten atmosphärische Phänomene seien und daß die Steine, die nach Meteoritenbeobachtungen in Kratern gefunden wurden, nichts anderes seien als vom Blitz getroffene Steine, sammelte er alles ihm erhältliche Material über Meteoriten seit der Antike. Er stellte als erster die These auf, Meteoriten seien ein kosmisches Phänomen. 1794 veröffentlichte er die Ergebnisse, zu denen er gekommen war, in Leipzig unter dem Titel *Über den Ursprung der von Pallas gefundenen Eisenmassen und über einige damit in Verbindung stehende Naturerscheinungen.*

Doch nur wenige Wissenschaftler schenkten seiner Theorie Beachtung oder gar Glauben und hielten, wie Goethe, an der Ansicht fest, Meteoriten seien verdunstete Steine, die sich in der kalten Atmosphäre wieder zusammenballten. Alexander von Humboldt, selbst einer der großen Naturforscher, konnte sich noch 1845 über Chladni in spöttischer Weise äußern, ohne Widerspruch zu erfahren: Humboldt hatte in Südamerika Meteore beobachtet und hielt sie für atmosphärische, möglicherweise mit Erdbeben in Verbindung stehende Naturerscheinungen. Chladni veröffentlichte 1809 ein zweites Werk *Über Feuermeteore*, das Sichtungen von Meteoren enthielt. Es wurde weitaus freundlicher aufgenommen, dennoch dauerte es noch bis zur Mitte des Jahrhunderts, bis Chladnis Ansichten allgemein akzeptiert und Bestandteil der Astronomie wurden.[2]

Anomalien gegenüber war Chladni vorurteilslos: Meteoriten aus Sandstein, Kohleklumpen und schleimige Niederschläge aus dem All listete er unterschiedslos auf und untersuchte sie mit der gleichen Hochachtung wie die heute anerkannten „echten" Meteoriten.

Sandsteinhagel

Am 22. Mai 1808 regnete es bei Stannern in Mähren (heute Tschechische Republik) Steine vom Himmel wie anderswo Regentropfen. Hebel[3] berichtet davon in seiner Kurzgeschichte. Der österreichische Kaiser sandte einen Boten, der Nachforschungen anstellen sollte. Nach der Überlieferung waren um 5.30 Uhr morgens Einheimische auf dem Weg zur Kirche, als sie drei laute Donnerschläge hörten und die Erde leicht bebte. Dann kam dichter Nebel auf, in dem sie kaum weiter als zehn Meter sehen konnten. Nach neuerlichem Lärm, der an Kanonendonner erinnerte, fielen plötzlich auf einer Fläche von mehreren Quadratmeilen Steine herunter. Die herabprasselnden Brocken variierten von Nuß- bis Kinderkopfgröße. Sie machten rollende und pfeifende Geräusche und gruben sich teilweise einen halben Meter tief in den Grund, blieben einfach auf ihm liegen oder prallten gar von ihm ab. Die Steine waren warm, aber nicht heiß, und hatten einen Kern aus Sand unter einer glatten, schwarzen Haut. Nachdem die Steine gefallen waren, lichtete sich der Nebel wieder.

Solche „Sandsteinmeteoriten", die die Wissenschaft für unglaubwürdig hält, finden sich häufig in alten Aufzeichnungen. In den Werken von Charles Fort sind weitere dokumentierte Beispiele nachzulesen. Die mit dem Niederschlag vermeldeten Phänomene – Grollen, Donnern und Nebel – werden heute von einigen Wissenschaftlern als Begleiterscheinungen von Erdbeben gedeutet, eine These, die bei Seismologen umstritten ist. Fort führt, neben diesen eventuellen Erdbebenfolgen, zahlreiche Erdstöße auf, die mit Meteorsichtungen zusammenfielen, und vermutet einen Zusammenhang. Ein naturwissenschaftlich stichhaltiger Beweis dafür dürfte sich jedoch nur schwer finden lassen. Der Steinfall von Mähren ist tatsächlich ein ganz „verdammter", weil unerklärlicher Vorfall.

Eine ganz besondere Wolke

Charles Forts Kuriositätensammlung enthält einen aberwitzig-bizarren Bericht, der wahrscheinlich niemals gründlich daraufhin überprüft wurde, ob ihm wahre Ereignisse zugrunde liegen. Fort jedenfalls kann eine ehrenhafte Quelle für seine Notiz anführen: „*Nature*, 47–278: Daß, nach *Das Wetter*, Dezember 1892, am 9. August 1892 eine gelbe Wolke über Paderborn, Deutschland, erschien. Aus dieser Wolke fiel wolkenbruchartiger Regen herab. Darin enthalten waren Hunderte von Miesmuscheln. Es wird weder gesagt, daß die Miesmuscheln bereits vorher auf dem Grund gelegen hätten, noch, daß ein Wirbelwind beobachtet wurde."[4] Im letzten Satz spielt Fort auf zwei konventionelle Standarderklärungen der Naturwissenschaftler an, wonach entweder eine Windhose die herabfallenden Gegenstände zuvor aufgewirbelt habe, oder die angeblich herabgefallenen Objekte schon vor dem Wolkenbruch auf dem Boden gelegen haben könnten, ohne zuvor bemerkt worden zu sein.

Schleim in der Luft

Am 18. Oktober 1848 fiel eine glühende Masse aus dem Himmel und landete vor den Füßen des Herrn von Sydow bei Mauschwitz. Er hob das „Ding" auf und brachte es nach Hause. Es ähnelte Gelatine – und glich der sagenhaften „Sumpfbutter", einer Substanz, die Meteoritenfälle in der Mythologie begleitet. Nach mehreren Tagen war das „Ding" eingetrocknet und verschrumpelt, riß am Rand auf und zerbrach schließlich in mehrere Stücke. Herr Oswald, ein Chemiker, untersuchte das glibberige Objekt: Es wirkte wie Gummi, blähte sich im Wasser auf, löste sich aber nicht. Es enthielt Kohlenstoff, Wasserstoff und Sauerstoff, aber keinen Stickstoff.[5]

Ein vergleichbarer Fall wurde aus Süchteln bei Krefeld gemeldet. Eines Abends fiel eine feurige Masse vom Himmel. Der Zeuge, den die Quelle mit der Initiale B. nennt, beobachtete, wie sich ein Lichtpunkt allmählich der Erdoberfläche näherte. Je tiefer er kam, desto schneller schien er sich zu bewegen, und die Leuchtkraft des feurigen Körpers nahm zu. B. fand am Aufschlagpunkt eine gallertartige Masse, die er aufzuheben versuchte, aber sie war so schleimig, daß sie ihm durch die Finger glitt. Das Objekt war so groß wie ein Kinderkopf.[6]

Kröten- und Insektenregen

Der Gelehrte Conrad Megenberg (1309–1374) schreibt in seinem Buch über die Welt der Tiere, daß Frösche und Fische häufig herabregnen. Er meinte, daß die Sonne Wasser und darin liegenden Laich gleichzeitig verdunsten ließe. Im Himmel brüte dann die Sonnenwärme den Laich aus, und die Frösche und jungen Fische würden zu schwer, um sich am Himmel zu halten – und regneten ab.[7] Paracelsus, der bedeutende Arzt und Wissenschaftler (1493–1541), erwähnt in seinen Schriften Regen von Blut und Feuer.[8]

Heinrich von Kleist beschrieb einen Raupenregen. In den von ihm herausgegebenen *Berliner Abendblättern* berichtete er, daß am 19. Januar 1811 in der Gegend zwischen Zeulenroda und Tegau zahllose Raupen der verschiedensten Spezies auf einer Schneeschicht gefunden wurden – als wären sie vom Himmel gefallen. Er listete weitere, ähnliche Vorkommnisse aus Deutschland, Ungarn (November 1672) und Schweden (1749) auf. Kleist bot seinen Lesern sofort eine Erklärung an: Im Januar 1792 sei eine vergleichbare Ansammlung von Raupen in der Nähe von Schnepfenthal bei Gotha entdeckt worden – die Raupen seien, so erzählten Zeugen, aus einem Erdspalt gekrochen.[9]

In den 30er Jahren dieses Jahrhunderts wurde das *Handwörterbuch des deutschen Aberglaubens* in zehn Bänden veröffentlicht, ein Reprint ist kürzlich erschienen. Darin werden Regen von Würmern, Kröten, Fischen, Fröschen und anorganischem Material wie Eis, Schwefel und Steinen erwähnt.[10] Leider sind die Meldungen meist undatierte Geschichten aus Sagenbüchern oder vage Feststellungen wie: „Blutregen bedeutet Krieg für das ganze Land." Offenbar waren die Niederschläge häufig genug, um in ein komplexes System der Omen und ihrer Deutungen miteinbezogen zu werden. Einige Fälle werden detailliert beschrieben, z.B. ein Steinregen aus dem 17. Jahrhundert in der Lausitz während eines Gewitters, bei dem zusätzlich „blaue Flammen" am Himmel gesichtet wurden.

Beispiele aus jüngster Zeit

Doch was heißt Aberglauben? Wie erforscht und vermessen der Luftraum über uns auch sein mag: Es regnet noch immer Sand, Dreck, Gestein und Pech vom Himmel. Nur aus Deutschland, Österreich und der Schweiz sind mindestens 250 fremdartige Niederschläge bekannt. Es gibt sicherlich für jeden Vorfall eine simple naturwissenschaftliche Erklärung, und diese Erklärung wird in den meisten Beispielen mit der in den Zeitungen genannten übereinstimmen. Doch es verblüfft, daß die Erklärungen in der Presse mit der Meldung des Ereignisses gegeben werden – vor jeder sachkundigen Überprüfung des scheinbar außergewöhnlichen Ereignisses. Manchmal regnet es an mehreren Stellen der Welt gleichzeitig auf eigentümliche Weise. Was möglicherweise im Zusammenhang zu sehen wäre, wird isoliert betrachtet und von Fall zu Fall völlig verschieden erklärt.

Ein solcher Fall ist die Serie schwarzer Niederschläge im Frühjahr 1991. Am 25. Februar war der Harzhügel, ein Stadtteil von Kaiserslautern, von einer dünnen Rußschicht bedeckt. Garten-, Terrassenmöbel und Autos in der Nähe der Universität waren „total verdreckt". Die Erklärung hatte nur konjunktivischen Wert: „Für den Ruß ist vermutlich das Heizkraftwerk der Stadtwerke verantwortlich. Die Kessel seien in der Nacht umgestellt worden, möglicherweise sei dabei vermehrt, aber im zulässigen Bereich Ruß ausgestoßen worden, hieß es bei den Stadtwerken."[11]

Zur gleichen Zeit ging schwarzer Regen auch im Nahen Osten nieder. Pech fiel auf Anatolien und auf andere Teile der Türkei sowie die östlichen Provinzen Saudi-Arabiens. Die ME-PA, das meteorologische und Umweltschutzamt Saudi-Arabiens erklärte, der Regen von Asche sei wohl auf die von den Irakern angezündeten Erdölquellen in Kuwait zurückzuführen.[12] Doch am 17. April regnete es auch in Schleswig-Holstein landesweit „schwarz". „Schwarze Ackerkrume hatte Autos und Gartenmöbel" überzogen.[13] Wofür in Kaiserslautern die Stadtwerke herhalten sollten, wurde in Schleswig-Holstein der Akkerkrume angelastet. Saloppe Erklärungen gingen davon aus, das Wetter habe im nördlichsten Bundesland verrückt gespielt. Am 20. April fielen im ganzen Norden fünf Zentimeter Neuschnee.

In den arabischen Ländern tobte der Golfkrieg – also mußte der schwarze Regen aus Kuwait stammen. In Rheinland-Pfalz, wo lebhaft über die umweltschädlichen Altlasten der abziehenden Amerikaner diskutiert wurde, lag es nahe, hausgemachte Umweltverschmutzung zu vermuten. In Norddeutschland war Schneefall im Frühling der Beweis, daß einfach nur das Wetter verrückt gespielt hatte. Ob man nun Reptilungeheuer, geheimnisvolle Lichter am Himmel, zauberkräftige Zwerge oder Kugelblitze untersucht: Stets ist bei diesen Phänomenen eine hohe Uniformität in der Erscheinung und eine große Diskrepanz bei den Erklärungen festzustellen.

Ein unkonventioneller Niederschlag, den jeder Autofahrer kennt, ist der Regen von Saharasand, der ein- bis zweimal jährlich in Deutschland niedergeht. Eine der Erklärungen für den von unseren Ahnen so gefürchteten „Blutregen" ist, daß es sich um diesen Sandregen gehandelt haben muß. Obwohl sich der Sandregen fast immer auf ein größeres Gebiet erstreckt und mit schöner Regelmäßigkeit in den Fernsehnachrichten erwähnt wird, erscheinen entsprechende Meldungen in den Zeitungen meist klein und unauffällig und ohne Details. Das Ereignis mutet so natürlich und die Erklärung so einleuchtend an, daß kaum ein Lokalreporter auf die Straße geht und Menschen nach ihren Vermutungen, Erfahrungen und Reaktionen befragt; eine solche Umfrage würde sicher für Sagenforscher interessante Resultate bringen.

Sandregen sind kein modernes Phänomen. Gelber Regen fiel im Juni 1830 in Griesau, Schlesien, am 27. Juli 1877 in Pecklow, am 10. März 1901 und am 27. Februar 1903 in ganz Deutschland, am 22. Februar 1923 in Westfalen. Gelber Schnee fiel im März 1936 in Österreich, im Juni 1977 in Bayern und im Februar 1979 über Wien. Der letzte Fall ereignete sich im März 1991: In Süddeutschland bedeckten kleine Sandringe als Überreste roter Regentropfen Autos und Fensterscheiben. Nur eine Woche später wurde gemeldet, eine 34 Zentimeter starke gelbe Neuschneeschicht sei in Lappland gefallen[14] – tatsächlich scheint bei diesem Niederschlag die wissenschaftliche Erklärung, Saharasand habe sich in den höheren Schichten der Atmosphäre nordwärts bewegt, zuzutreffen.

Auch andere Dinge, die vom Himmel fallen, sind möglicherweise von Wirbelwinden hochgesogen worden. Ende August 1990 fielen bei Bottmingen in der Schweiz Heubüschel vom Himmel, obwohl in der Nähe kein frischgemähtes Gras zu finden war, das der Wind hätte hochheben können.[15] Ein ähnliches Phänomen – das Herabregnen von getrocknetem Gras in einer Menge, die für einen ganzen Heuhaufen gereicht hätte – wurde im Sommer 1990 von mehreren Orten in Südengland gemeldet.[16] Hier wurde das Heu mit den Kreisen im Getreide in Verbindung gebracht, denn ein Meteorologe hatte versucht, die Gebilde mit stationären Wirbelwinden zu erklären – da wäre das fallende Heu der langersehnte Beweis gewesen. Die Kreise haben sich mittlerweile – auch wenn sich Esoteriker und Geheimniserfinder dagegen wehren – als Jux einiger künstlerisch begabter Scherzvögel herausgestellt.

Im Juli 1991 war bei Bad Dürkheim die interessante Beobachtung zu machen, daß eine Windhose bei sehr heißem und schwülem Wetter einige Stroh- und Grashalme hochhob, sie über eine an einer Ampel wartende Autoschlange wegtrug und in etwa fünf Metern Höhe zu einem dornenkronenähnlichen Kranz verflocht. Als der Luftwirbel nach einer halben Minute in sich zusammenbrach, schwebte der gelbe Kranz majestätisch wie eine fliegende Untertasse zum Boden zurück. Wirbelwinde können ohne Zweifel Material vom Boden hochheben und verändert wieder niedergehen lassen. Ob es ihnen allerdings gelingt, aus einem Teich nur *eine* Sorte Fische einer bestimmten Länge herauszusaugen, um sie viele Kilometer entfernt fallen zu lassen, wie die konventionelle Erklärung für Fischregen behauptet, muß dahingestellt bleiben.

In der Schweiz fielen am 9. August 1990 bei Muttenz im Bezirk Basel erbsengroße Erdklumpen. Die schweizerische Behörde mit dem Namen „Geruchmeldestelle" teilte dem Ufo-Enthusiasten Luc Bürgin auf Anfrage mit, es habe sich bei diesen Kugeln „höchstwahrscheinlich um tierischen Humus" gehandelt: „Wahrscheinlich waren Wespen die Verursacher."[17] Der sehr heiße und trockene August 1990 kompensierte den Mangel an herkömmlichem Regen mit ungewöhnlichen Niederschlägen: Neben dem trockenen Gras und den staubigen Erdklumpen in der Schweiz fielen in Deutschland zwei kindskopfgroße Eisbrocken vom Himmel und durchschlugen Hausdächer.

Leuchtende Kugeln und Irrlichter

Kugelblitze

Was Kugelblitze sind, wie sie entstehen, oder ob es sie überhaupt gibt, ist noch immer heftig umstritten. Obwohl Wissenschaftler so etwas wie ein Phantombild des Kugelblitzes erstellt haben, sind die einzelnen Angaben über Größe, Farbe, Verhalten und Dauer so variabel, daß man annehmen kann, mehrere voneinander unabhängige Phänomene seien in den Begriff gepreßt worden. Bei den folgenden Beispielen wird diese Vielfalt ersichtlich.

Während eines Gewitters im Juli 1914 kam bei Hannover ein eiergroßer Kugelblitz durch ein Fenster und hinterließ einen Brandfleck an der Zimmerdecke, danach bewegte er sich am Vorhang entlang nach unten und verschwand schließlich im Boden. Weder am Vorhang noch am Boden wurden Brandspuren festgestellt, allerdings soll sich auf dem Fußboden ein pfenniggroßer versengter Punkt befunden haben.[1] Ein solches „intelligentes" Verhalten, bei dem eine Lichtkugel ein Zimmer zu erforschen scheint, wird immer wieder erstaunt von den Beobachtern berichtet.

Sieben Jahre später erschien ein Kugelblitz in Hohenschäftlarn im Isartal. Am 2. August 1921 um 9 Uhr morgens befand sich ein neunjähriges Mädchen mit seinem Onkel im ersten Stock des Hauses. Draußen tobte ein Morgengewitter. Durch ein offenes Fenster flog ein Kugelblitz ins Zimmer, fiel zu Boden und hüpfte ein-, zweimal auf und ab. Dann rollte die Feuerkugel langsam auf die Beobachter zu. Der Blitz hatte einen Durchmesser von 20 Zentimetern, leuchtete hell und durchsichtig und schien ständig seine Farbe zu wechseln. Mal war er hellgrün gepunktet, mal karmesin, dann wieder hellblau oder bleichgelb. Der Blitz war hell genug, um bei Tageslicht sichtbar zu sein, und schien konstant zu leuchten. Von der Kugel, so die Zeugen, gingen „Antennen" wie die Spiralarme des Andromedanebels aus. Die Kugel kletterte am Tisch im Zimmer der Beobachter empor, rollte auf den Kachelofen zu und am Ofenrohr entlang – dabei hinterließ sie eine daumenbreite Schmelzspur. Schließlich platzte sie in der Lüftung mit dem Geräusch einer aufgeblasenen Papiertüte und hinterließ einen starken Ozongeruch. Insgesamt muß die Kugel eine Strecke von fünf bis sechs Metern zurückgelegt haben. Auf dem Boden blieb keine Spur des Blitzes zurück.[2]

Im Januar 1934 wurde ein Kugelblitz bei Walsum in der Nähe Duisburgs gesehen.[3] Im Juli 1938 drangen zwei Kugelblitze, ein großer und ein kleiner, in das Haus eines Bauern bei Apenrade in Schleswig ein. Der große Kugelblitz explodierte mit gewaltigem Donner und Funkenregen und hinterließ einen schwefligen Geruch.[4]

Die meisten Berichte von Kugelblitzen handeln davon, wie Leuchtkugeln in ein Zimmer eindringen, häufig durch ein offenes Fenster oder ein Schlüsselloch. In dem Zimmer „suchen sie interessiert herum", nähern sich Menschen und Möbeln und verschwinden in der Wand oder im Fußboden. Selten wird erzählt, daß Kugelblitze Sachschaden angerichtet hätten. Der deutsche Ufo-Forscher Walter Kelch allerdings berichtet, daß ein Kugelblitz am 1. Juni 1953 in den Kirchturm von Plaidt bei Koblenz eingeschlagen sei und dort einen Sachschaden von 100 000 DM angerichtet habe.[5]

Abb. 18: Ein angeblich 1907 im Zoo von Basel fotografiertes „Geisterlicht".

Heute werden Kugelblitze von der Presse und von den Zeugen eher als fliegende Untertasse denn als rare Naturerscheinung aufgefaßt. Das folgende Beispiel stammt aus einer Publikation von Ufo-Forschern. Am 9. April 1970 ging Max Krauss in der Nähe von Langenschemmern spazieren, als er etwas wie zwei Überschallknalle hörte, wonach er einen Kugelblitz neben sich schweben sah. Die Kugel, die einen Durchmesser von 40 Zentimetern hatte und im Innern Speichen zu besitzen schien, folgte dem Zeugen, der erstaunt bemerkte, daß aus dem Phänomen eine Art Schlauch kam, der sich krümmte und wand. Der „Wurm", wie der Zeuge dieses Anhängsel nannte, senkte sich in einen kleinen Bach, die Kugel verfärbte sich milchig und schließlich bläulich. Danach flog das Objekt zuerst langsam davon und schoß dann blitzschnell zum Himmel. Angeblich sollen die Vögel erschreckt vor dem Objekt geflüchtet sein, der Zeuge selbst will wie gelähmt zugesehen haben. Dabei sei das seltsame Ding niemals weiter als ein paar Meter von ihm entfernt gewesen.[6]

Kugelblitze haben häufig im Innern ein Muster, manchmal Antennen oder Spitzen nach außen. Es gibt kaum zwei identische Berichte. Die meisten Wissenschaftler haben daher noch vor wenigen Jahren die Existenz von Kugelblitzen rundweg abgelehnt. Heute vermutet man, daß das Phänomen auf Plasmabälle oder die Zusammenballung von Leuchtgas zurückzuführen ist. Es gibt zwar einige Fotos, doch offenbar kein eindeutig authentisches, und so bleibt vorerst nichts anderes, als die Augenzeugenberichte zu sammeln und ihre Auswertung späteren Forschern zu überlassen.

Perlschnurblitze

Der Perlschnurblitz ist eine Kette von Kugelblitzen. Ein nicht näher charakterisierter Doktor Schmauss berichtete 1910 in der Fachzeitschrift *Meteorologische Rundschau:* „Am 24. September 1908 wütete über Schweinfurt (Unterfranken) ein kräftiger Sturm. Er begann um 23.30 Uhr ohne Regen, aber mit großen Blitzen in Schnurform, wie uns freundlicherweise der Beobachter, Herr Mack, mitteilte. Die Einzigartigkeit der Blitze veranlaßte Herrn Mack, aus dem Haus zu gehen, um eine Photographie des interessanten Naturschauspiels aufzunehmen. Da begann es stark zu regnen und zu hageln. Als der Beobachter einen geeigneten Platz gefunden hatte, richtete er seinen Fotoapparat gegen Westen, weil aus dieser Richtung der Sturm kam, und lehnte sich leicht nach oben. Er ließ das Objektiv über 20 oder 30 Sekunden offen, und als sich ein neuer Perlschnurblitz entlud, konnte er das abgebildete Foto aufnehmen. Der Blitz bewegte sich waagrecht auf einen etwa 50 Meter hohen Schornstein zu, dessen Spitze den Endpunkt des interessanten Phänomens darstellte."[7] Das Foto zeigt tatsächlich einen waagrechten, bandartigen Blitz, der sich allmählich in mehrere Lichtkugeln auflöst.

Spiralblitze

Der Spiralblitz scheint eine äußerst seltene, dafür aber um so kuriosere Naturerscheinung zu sein. Heute, im Zeitalter der Ufos, würde ein solches Phänomen ohne Zweifel sofort als Raumschiff von einem anderen Stern gedeutet werden. Eine Beobachtung wurde 1909 im *Kosmos* veröffentlicht, zu einer Zeit, als populärwissenschaftliche Zeitschriften gegenüber ungewöhnlichen Augenzeugenberichten noch aufgeschlossener waren, als sie es heute sind: „Am 12. Juli 1908, abends zwischen 9 und 10 Uhr, konnte von Goslar aus ein äußerst schweres Gewitter in der Richtung nach Hildesheim zu beobachtet werden, das sich in unzähligen Blitzen entlud. Jedem sind ja nun die wunderlichen Formen der Blitzentladungen bekannt, indessen dürfte eine solche, wie nachstehend geschildert, wohl zu den größten Seltenheiten zählen. Ein Blitz kreiste nämlich spiralförmig in etwa 4–5 Windungen, und verblieb in einer Gewitterwolke. Die Erscheinung könnte mit einem abbrennenden sogenannten Feuerrad verglichen werden. Vielleicht hat der eine oder andere Leser des Kosmos Gelegenheit gehabt, dieselbe Beobachtung zu machen. Bemerkenswert ist noch, daß kurz vorher sich an fast derselben Stelle eine Art Kugelblitz entlud. C. A., Goslar."[8]

Ein möglicherweise verwandtes Ereignis trug sich am 25. Dezember 1840 bei Marburg zu. Bei diesem „Feuerball" kann es sich aber auch um eine Nordlichtbeobachtung gehandelt haben. Jedenfalls berichtet das *Allgemeine Anzeige-Blatt für technische Literatur, Industrie, Handel, Künste und Gewerbe* aus Grätz, daß man „am 25. gegen 6 Uhr Abends bei überzogener Atmosphäre und einer Kälte von 13 Grad am Himmel ein schnell vorübergehendes Meteor bemerkte. Es zeigten sich nämlich drei helle, schnell aufeinanderfolgende Blitze, die von den gewöhnlichen Blitzen sich dadurch unterschieden, daß sie wie aus der Erde zu kommen und in die Höhe zu gehen schienen. Personen, die im Freien waren und damals durch das Leibnitzer-feld fuhren, kam es vor, als wenn der Lichtstrom horizontal, wie bei dem Erscheinen einer feurigen Kugel, in der Richtung nach Norden vorüber fliege."[9]

Erd- und Erdbebenlichter

Erdlichter sind hypothetische, tektonisch erzeugte Lichter-scheinungen, die wahrscheinlich mit den Erdbebenlichtern, ku-gel- und scheibenförmigen Leuchterscheinungen bei Erdstö-ßen, verwandt sind. Ein aus Deutschland berichtetes Beispiel ist wohl eher auf eine Halluzination, denn auf ein objektives phy-sikalisches Phänomen zurückzuführen.

Im Mai 1988 wurden mehrere Bergleute in einer Grube in Borken, Nordhessen, bei einem Unglück im Stollen einge-schlossen. Als sie nach mehreren Tagen von Rettungstrupps befreit wurden, berichteten die Männer, sie hätten in den dunk-len Gängen Lichter gesehen, ohne daß es eine erkennbare Licht-quelle gegeben habe.[10]

Während eines Erdbebens am 22. Mai 1732 wurden in Schwa-ben dichter, über dem Boden hängender Nebel und ein schwa-ches Leuchten am Himmel bemerkt. Mehrere Wochen vor dem Erdstoß wurden „Lichtkugeln am Himmel" gesichtet.[11] Wie bei vielen anderen unerklärten oder ignorierten Lufterscheinungen kann man sich gut vorstellen, daß solche Sichtungen heute als fliegende Untertassen gedeutet würden. Paul Devereux, Autor zahlreicher Zeitschriftenbeiträge und mehrerer Bücher über Erdlichter, erklärt mit ihnen das gesamte Ufo-Phänomen; er weist darauf hin, daß Erdlichter bevorzugt an Verwerfungsli-nien und bei größeren Wassermassen auftreten. Sollte das zu-treffen, müßten aus Deutschland besonders von den Alpenseen derartige Berichte vorliegen. Wie zur Bestätigung enthält das *Handwörterbuch des deutschen Aberglaubens* unter dem Stich-wort „Wassergeister und Irrlichter" folgende Notiz: „Auf dem Bodensee zeigt sich zur Nachtzeit der ‚feurige Fischer'; er neckt die Fischer, bis man ihm ein Band oder Seil zuwirft, mit der Erklärung, er habe Ruhe von seinen höllischen Qualen, solange das Band brennt ... Auch im Allgäu tauchen feurige Männer aus dem Wasser."[12]

Inwieweit es sich hier um eine reine Sage, um die Personifizierung der Wasserkräfte oder um eine Mythologisierung tatsächlich beobachteter Naturerscheinungen handelt, ist schwer zu bestimmen. Auf jeden Fall zeigt der Bericht, daß man schon immer über Seen Lichterscheinungen gesehen hat oder schon immer glaubte, über Seen Lichterscheinungen beobachten zu können, und die Lichterscheinungen mit einem Eigenleben beseelte.

Irrlichter

„Als Irrlichter (im wissenschaftlichen Sinn) bezeichnet die Meteorologie kleine vom Boden aufsteigende, meist schnell wieder verlöschende, manchmal aber auch mehrere Sekunden lang stehende, mit schwacher bläulicher oder gelblich-rötlicher Flamme brennende Lichterscheinungen, die sich vor allem im Spätherbst (wenn der Fäulnisprozeß in der Natur seinen Höhepunkt erreicht hat) in stillen Nächten in sumpfigen und moorigen Gegenden zeigen." So faßt das *Handwörterbuch des deutschen Aberglaubens* mit einem Satz die wichtigsten Charakteristika des Irrlichts oder Irrwisches zusammen. „Die Existenz dieser Irrlichter, die die Naturwissenschaft um die Mitte des 19. Jahrhunderts am liebsten ganz abgeleugnet hätte, wird heute nicht mehr bezweifelt. Aber die Art ihrer Entstehung ist umstritten."[13]

Irrlichter können sich vom Boden lösen und sich hartnäckig an die Kleidung des Beobachters heften. Die deutschen Sagen sind voll von Berichten, in denen beschrieben wird, wie Irrlichter in einsamen Gegenden durchreisende Kutscher verfolgen. Früher glaubte man, es handele sich um die im Fegefeuer bratenden Seelen – auch Luther war dieser Ansicht – oder um Sumpfkobolde.

1832 wurde ein Irrlicht bei Neumarkt beobachtet. In einer sumpfigen Gegend stiegen über Tag immer wieder Gasblasen auf, nachts wurden dort blaue Flämmchen gesehen. Der Zeuge markierte bei Tag eine Stelle im Sumpf, aus der Gasblasen austraten, und legte sich dort nachts auf die Lauer. Tatsächlich kamen am markierten Ort Flammen aus der Erde. Als sich der Beobachter der Erscheinung nähern wollte, erlosch das Licht. Am nächsten Tag kam er bereits in der Dämmerung und konnte am markierten Ort feine rote Flammen beobachten; er schloß daraus, daß das Phänomen auch am Tage sichtbar sein müsse. Wieder erloschen die Lichter, als er sich näherte. Daraufhin blieb er still liegen – und nach einiger Zeit entzündete sich das Licht wieder. Der Beobachter hielt einen Streifen Papier in das Irrlicht, und der Streifen entzündete sich.[14]

Das Problem bei der Erklärung von Irrlichtern als Methan, als Sumpfgas, besteht darin, daß es sich nicht selbst entzündet. Man hat verschiedene zusätzliche Gase, die als Zünder wirken könnten, in Betracht gezogen. Am besten geeignet erschien das Gas PH_3, doch Laborexperimente haben gezeigt, daß eine brennende Flamme der Mixtur beider Gase grün erscheint – im Gegensatz zu den gelben, weißen, blauen und roten Irrlichtern. Der Schleier des Geheimnisses ist geblieben.

Zum Problem der Bewertung

Leuchtkugeln werden in vielerlei Formen seit langer Zeit beobachtet. Häufig spielen sie eine zentrale Rolle bei Glaubensvorstellungen: die Lichtkugel bei der Bekehrung des Saulus, die Feuerzungen zu Pfingsten oder die Ufo-Sichtung, die einen Universitätsprofessor dazu bringt, sein Haus zu verkaufen, um einer zweifelhaften Prophetin zu folgen. Ein breites Spektrum an Deutungen und Erklärungen, das von esoterischen über religiöse oder parapsychologische bis zu naturwissenschaftlichen „Identifizierungen" reicht, bietet Antworten an. Eine kleine Auswahl könnte den Heiligen Geist, die Seelen Verstorbener, Kobolde, Manifestationen von Erdenergien, Poltergeister, Raumschiffe von anderen Sternen, Drachen, Kugelblitze und Irrlichter, Sinnestäuschungen, Verwechslungen von Sternen und anderen Himmelskörpern, Flugzeuge und gespiegelte Autoscheinwerfer umfassen.

Zwei Extrempositionen werden in den *Odisch-magnetischen Briefen* (1852) des Freiherrn Karl von Reichenbach deutlich: Ein Fräulein namens Leopoldine Reichel hatte die Gabe, tanzende Lichter auf einem Friedhof sehen zu können, manche davon groß und andere „klein wie zwergenhafte Kobolde". Sie bewegte sich unter ihnen, wirbelte sie durcheinander. Offenbar dachte sie, es handele sich um die Seelen der Verstorbenen. „Es handelt sich um Ammoniumkarbonat, Phosphorwasserstoff und andere Verwesungsprodukte", vermerkt Reichenbach dagegen lakonisch.[15]

Theoretisch sollte es nicht allzu schwierig sein, Fiktion und Wirklichkeit auseinanderzuhalten, doch es gibt Kugelblitzerzählungen, bei denen sich das Phänomen von der einfachen, unbekannten Naturerscheinung zum esoterischen Ereignis wandelt, ohne daß eine klare Grenze zwischen den beiden Extrempositionen zu erkennen wäre. Aus diesem Grund wird auf eine Bewertung der Berichte verzichtet. Daß es viele „geheimnisvolle Ereignisse" gibt, soll weder bewiesen noch widerlegt werden. Es wird lediglich festgestellt, daß viele Menschen zu verschiedenen Zeiten gewisse ungewöhnliche Erlebnisse hatten, daß diese Erlebnisse miteinander übereinstimmen, die Deutung des Erlebten jedoch stets von dem zur Zeit herrschenden Weltbild abhängig ist.

Der *Mannheimer Morgen* berichtete am 10. Juli 1954 von einem „Kugelblitz": „Mit lautem Krachen brach in dem Dörfchen Power (Kreis Osnabrück) ein Kugelblitz den Schornstein am Haus des Siedlers Friedrich Tillner auseinander. Dann rollte der große glühende Ball die Dachrinne hinunter, teilte sich in mehrere kleine Kugeln, zerstörte sämtliche Fensterscheiben des Hauses und sprang schließlich durch eine zersplitterte Scheibe in Tillners Stube. Hier wurden ein Radio und ein elektrischer Herd sowie Möbelstücke zerstört. Der angerichtete Schaden beträgt fast 3000 D-Mark. Menschen sind nicht zu Schaden gekommen."

Andere Kugelblitze hinterlassen keine Spuren. Walter Kelch beobachtete eine Leuchtkugel im Januar 1980 um 23.00 Uhr bei Grafenwöhr. Es habe plötzlich am Himmel geblitzt, „Sekunden danach wurde mein Blickfeld durch eine gelb-weiße Kugel (Durchmesser ca. Medizinballgröße) erhellt. Das Umfeld wurde gelb-grünlich erleuchtet, so daß man den ca. 40 Zentimeter hohen Schnee erkennen konnte! Angeführt durch ein rumorendes heulendes Geräusch eierte diese Kugel mit einem spitzen Schweif über die Landschaft, stieg in die Höhe und war weg. Beim Anstieg ist die Kugel ins Rötliche übergegangen. In rund 10–15 Metern Entfernung befand sich ein Rudel Wildschweine, die wie wild durch unsere Sperren liefen ... Das Gewitter dauerte nur 5 Minuten! Die Sichtungsdauer betrug 3–4 Sekunden. Tags darauf gingen wir zu dieser Stelle und stellten fest, daß der Schnee nicht geschmolzen war."[16] Diese Lichtkugel hatte keine physikalischen Spuren hinterlassen, beunruhigte aber die Tiere.

Eine weitere Lichtkugel hatte starke Auswirkungen auf den Zeugen selbst. Am 9. Mai 1929 befand sich der Beobachter auf einer Wallfahrt nach St. Lambrecht in der Pöllau, Obersteiermark. „Da es nun schon 60 Jahre her ist", schreibt der Mann, „so habe ich es noch so im Bewußtsein, als ob es erst gestern gewesen ist ... Wir waren zu viert, die beiden Töchter L., ein Junge und ich. Es lag noch sehr viel Schnee, dazu war es der kälteste Winter gewesen, − 35 Grad. Nachdem wir einen Teil der Strecke zurückgelegt, kamen wir an ein Schneefeld mit vereinzelten Fichtengruppen. Da hörten wir ein komisches Geräusch, was immer lauter wurde, bis wir wie angewurzelt stehen blieben. Dann fing es an zu dämmern ..., die Birkhähne fingen an heraufzusteigen. Auf einmal wurde es taghell und hinter den Bäumen kam eine Kugel zum Vorschein, die riesengroß war und das Licht ausstrahlte, der Schnee wurde smaragdgrün. Die Kugel wurde immer schneller und zog einen Feuerstrahl hinter sich her, verschwand dann am Himmel. Es wurde wieder dunkel, die Birkhähne setzten sich wieder in ihre Schneelöcher ... Als die Kugel auftauchte, geschah das Merkwürdigste. Es trat um uns eine Stille ein, die uns fast die Luft nahm. Darauf standen wir wie angewurzelt. Nachdem es vorbeigeflogen war, trat wieder nächtliche Schneehelle ein. Auch die Vögel ließen sich wieder zur Erde zurück. Von dem Punkt an fehlt mir jede Wahrnehmung bis wir in St. Lambrecht ankamen."

Die gleichen psychologischen Reaktionen werden auch bei „nahen Begegnungen mit Ufos" berichtet. Sind sie ein Teil des Phänomens oder ein Bestandteil der Interpretation des Phänomens durch den Beobachter? Der Kugelblitz selbst jedenfalls entspricht dem, was auch zahllose andere Kugelblitzbeobachter gemeldet haben: scharfe Umrisse, eine Art Schweif, der nach hinten spitz zulief, ein schnarrendes Geräusch, der eigentliche Körper „wie ein Globus, bläulich, mit dunklen Konturen, wie aus Segmenten zusammengesetzt". „Das eigenartige an der Kugel, das Hinterteil (von dem der Schweif pyramidenartig abstand) war nur als schwarze Scheibe zu sehen." Der Blitz war höchstens 50 bis 100 Meter von dem Beobachter entfernt. Der schätzte den Durchmesser auf 50 Meter, obwohl Ufo-Forscher Hans-Werner Peiniger, der den Fall gründlich untersucht hat, davon ausgeht, daß sich der Zeuge aufgrund seiner offensichtlichen Aufregung und fehlender Vergleichsmöglichkeiten geirrt hat und der Kugelblitz auch einen Durchmesser von etwa zwei Metern gehabt haben könnte. Diese Größe ist, wie man von anderen Kugelblitzsichtungen weiß, weitaus wahrscheinlicher. Bemerkenswert an dem Bericht ist, daß ein zwar rares und umstrittenes, aber doch natürliches Phänomen das gleiche Erlebnis auslösen kann wie eine Verschleppung durch Außerirdische: den Verlust der Wahrnehmungsfähigkeit.[17]

Auch beim nächsten Bericht hinterläßt der Kugelblitz keine physikalischen, sondern extreme psychologische Spuren. Eine Frau war um 1950 bei einer Klettertour in den Bayerischen Alpen unterwegs: „Plötzlich bemerkte ich eine Art großer Kugel aus Licht, und daraus formte sich die Gestalt eines großen, chinesisch wirkenden Mannes ... Er verbeugte sich, sagte ein paar Worte zu mir und führte mich über einen schmalen Pfad zurück auf den Weg. Dann verschwand er wieder als Lichtball."[18] Hier verwandelt sich ein Leuchtball plötzlich in ein geisterhaftes Wesen – verwandelte sich das Licht wirklich oder spielte sich das ganze Ereignis nur im Kopf der Beobachterin ab?

Da Kugelblitze in früherer Zeit allgemein als Geister oder Gespenster betrachtet wurden, verblüfft es nicht, daß der Kugelblitz auf einem der seltenen Fotos aus dem deutschen Sprachraum als „Geisterlicht" bezeichnet wurde. Das Bild soll im Jahre 1907 von M. Bessy im Zoo von Basel aufgenommen worden sein.[19]

Von Kugelblitzen, die nachweislich physikalische Spuren hinterlassen, bis zu Kugelblitzen, die sich in Menschen verwandeln und sprechen, ist es ein weiter Weg. Was mit einem noch nicht allgemein anerkannten Naturphänomen begann, führt in den trüben Dunstkreis von Esoterik und Aberglauben. Wie bei vielen anderen paranormalen oder fortianischen Erscheinungen ist ein breites Spektrum von Erlebnissen und Interpretationen zu finden. Wenn die Deutungen so mächtig sind, daß sie das Geschehen selbst überlagern, kann sich auch der Erforscher ungewöhnlicher Erscheinungen schnell verirren.

Das ganz normale Wunder

Nachwort

Die in diesem Buch vorgestellten Erscheinungen sind in der Zwischenwelt zwischen Wirklichkeit und Phantasie angesiedelt, ihre physikalische Existenz oder „naturwissenschaftlichen Erklärungen" werden kontrovers diskutiert. Auch wenn jeweils mehrere Beispiele für ein Phänomen herangezogen werden, sind die einzelnen Kategorien der Klassifizierung willkürlich. Zwar scheint es keine Verbindung zwischen unerklärbaren Himmelsgeräuschen und möglicherweise überlebenden Dinosauriern zu geben, doch einige Berichte stellen sie her, indem sie die Geräusche als Drachengebrüll interpretieren. Ein Seeungeheuer und ein Wassermann mögen wenig gemeinsam haben, doch soll der Mummelsee von beiden bewohnt sein. Ein Wassermann ist zwar für uns heute ein Fabelwesen, doch sind seine Taten identisch mit denen moderner Außerirdischer in Raumschiffen. Seeungeheuer und Wassergeister können als Leuchtkugeln über den See schweben, die gleichen Lichter lassen sich auch als Kobolde, Kugelblitze oder Ufos deuten. Meteoriten, anerkannte Naturerscheinungen, wurden mit Drachen in Verbindung gebracht. Fast jeder der aufgeführten Berichte könnte mit gleichem Recht auch unter einer anderen Überschrift in einem anderen Kapitel erscheinen.

Dabei sind die einzelnen Erfahrungen, so vage und zweifelhaft ihre Unterordnung unter einen bestimmten Begriff ist, fast seit Anbeginn der Überlieferung identisch. Der Drache war immer ein unheimliches, wildes Tier, das dort wohnte, wo der Mensch noch nicht Fuß gefaßt hatte; Frauen wurden schon immer von sexbegierigen Wesen entführt und geschwängert, aus dem Himmel sind seit Urzeiten Dinge gefallen, die man dort oben nicht vermutet hatte.

Diese Erfahrungen, deren objektive Richtigkeit hier außer acht gelassen wird, besitzen unbestritten eine tiefe subjektive Wahrheit – es sind archetypische und mythische Erlebnisse der lebendigen Tradition eines Volkes. Sie rundweg abzulehnen, zu „erklären" – sei es mit „natürlichen" Lösungen oder als psychische Irrungen – oder sie lächerlich zu machen, zeugt von der Unfähigkeit des 20. Jahrhunderts, die kreative Interaktion des Menschen mit einer imaginierten Umwelt als etwas Bereicherndes zu begreifen.

Sind die Erfahrungen bei aller Authentizität häufig vage – die Begegnung mit der ungezähmten Natur, das Eingreifen übernatürlicher Wesen, die Entführung, bei der ein Irdischer ins Reich des Unirdischen verschleppt wird –, so sind es die Deutungen nicht: Sie sind immer geprägt von Moden und den Denkmodellen des Zeitgeistes. Helle Lichter am Himmel waren erst Geister, dann Feuerdrachen, waren Familiare oder Hilfsgeister der Hexen und sollen heute Raumschiffe sein. Drachen waren Wassergötter, dann unchristliche Monstren, später noch zu entdeckende Tiere und im evolutionstheoriebegeisterten 19. Jahrhundert überlebende Dinosaurier. Die seltsamen hellen Gestalten, denen man müde und wie in Trance begegnete, waren heidnische Götter, Kobolde, Marienerscheinungen, im Spiritismus die Geister der Verstorbenen; heute sind sie Wohltäter aus den Tiefen des Alls. Die kleinen runzeligen Zwerge mauserten sich von Naturelfen und Kobolden zu Dämonen – im Zeitalter der alles erklärenden Ufologie sind sie zu Besuchern von fremden Sternen geworden.

Die Erscheinungen galten allgemein vor der Zeit des Christentums als Naturgeister, christianisiert wurden sie zu Dämonen, im 16. und 17. Jahrhundert mit deren Glaubenskriegen wurden sie – je nach Interessenlage – zu Teufeln oder göttlichen Omen, während die Renaissancegelehrten gleichzeitig versuchten, diese widerspenstigen Dinge der neu triumphierenden Naturwissenschaft zu unterwerfen und sie zu naturalisieren. Im 19. Jahrhundert wurden die Phänomene entweder als spiritistische Erscheinungen oder als unbekannte Tierarten oder Naturphänomene betrachtet.

Das macht deutlich, daß auch die heutigen Faktualisierungen, das heißt Konkretisierungen der Mythen, nicht näher an der Wahrheit liegen als die alten Modelle. Ein Licht am Himmel ist ebensowenig ein Drache wie eine Hexe oder ein Sternenschiff; ein Drache ist weder eine eigene Tierart noch ein überlebender Plesiosaurier – immer sind die Deutungen Versuche, die Natur den Vorstellungen des menschlichen Geistes anzupassen. Die Außerirdischen von heute traten vor 200 Jahren als Wassermänner oder vor 100 Jahren als Jungfrau Maria auf. All die Ideologien, die sich um solche Erfahrungen ranken, zeugen von der Hilflosigkeit, das Unbegreifbare in Worte zu fassen und verständlich zu machen. Ebensowenig ist aber ein Drache auch nur „ein Stück Treibholz" oder ein Ufo „die Venus", selbst wenn ein solches natürliches Objekt – was häufig genug gezeigt werden kann – die Sichtung ausgelöst hat.

Fortianische Phänomene sind Ausflüge in Lewis Carrolls Wunderland, in dem die Dinge eine andere Bedeutung haben und das Alltägliche nicht mehr wiedererkannt wird. Etwas passiert im Kopf der Zeugen, wenn sie das, was sie vage gesehen haben, mit etwas Bekanntem zu verbinden suchen. So werden aus einem Nordlicht oder einer Wolkenformation ein Gottesomen, ein Ungeheuer oder angreifende Nato-Flugzeuge – und natürlich die unvermeidbaren fliegenden Untertassen. Die Erfahrung und der daraus resultierende Erlebnisbericht sind nicht identisch mit dem Stimulus, es sind kulturelle Verarbeitungen eines Alltagsereignisses.

Der Zauber liegt dabei darin, daß fortianische Phänomene nicht bewiesen werden können: Man kann sie erleben, sie bereichern das Leben des Zeugen und der Gesellschaft. In früheren Zeiten hatten Schamanen und Geschichtenerzähler hohes Prestige. Wir haben verlernt, diese Facette des Lebens zu akzeptieren. Daher haben die Versuche, fortianische Phänomene zu naturalisieren (also durch etwas Bekanntes zu erklären) oder zu faktualisieren (also aus dem Erlebnis eine reale, aber unbekannte Sache zu machen), zugleich etwas Rührendes und Peinliches.

Im Mittelalter wurden Fossilien zu Drachenknochen umgedeutet – der Klagenfurter Drachenbrunnen hat seinen Namen von den Überresten eines Nashorns aus der Eiszeit. In Schottland und Island werden immer wieder Becher, Fahnen und Altardecken mit Abbildungen gezeigt, die die Existenz von Kobolden scheinbar beweisen. Die gleiche Faktualisierung ist bei den Erklärungen zu finden, die Drachen als vorsintflutliche Tiere und Kobolde als zwergenhafte Ureinwohner Europas deuten. Solche Erklärungen brachte das letzte Jahrhundert hervor, um fortianische Phänomene in die Darwinsche Weltsicht zu integrieren. Heute ist eben der übermächtige faktualisierende Mythos die Ufologie, die selbst eines der besten Beispiele dafür ist, wie man auf einem Grund aus unsicheren Indizien ein wackeliges Fundament von Pseudowissenschaft errichten kann, in das nach und nach sämtliche unerklärten Ereignisse einbezogen werden. Das Ufo verhält sich zu anderen fortianischen Phänomenen wie eine imperialistische Macht, die nichts mehr neben sich gelten läßt.

Doch ebenso fragwürdig sind die Naturalisierungen, die Vorschläge der Naturwissenschaft, die neben ihrer gestrengen beweisbaren Lehre keine Alternativen gelten lassen will. Natürlich gehen Tatzelwurmsichtungen auf die Beobachtung von Murmeltieren und Salamandern zurück, natürlich handelt es sich bei Nessie um das Kielwasser von Booten, um schwimmendes Wild oder die Schatten von Wolken auf der Oberfläche des Sees, und es steht außer Zweifel, daß nahezu alle Ufo-Beobachtungen auf Sterne, Meteoriten, Flugzeuge, Ballone und andere herkömmliche Erscheinungen zurückzuführen sind – die Kraft der Erlebnisse ist dadurch nicht erklärt, die Mythen bleiben unverstanden, die sich um sie aufbauen und die sich ständig erneuern und verändern. Die seltsamen Trancezustände, die Kobolde, „Entführungen" und Marienvisionen auslösen, kommen in solchen Erklärungen nicht vor.

Fortianische Phänomene, die Alltäglichkeiten des Wunderlandes, sind eine Methode, die Welt zu erfahren und zu deuten, die sich den Grenzen der Naturwissenschaft entzieht. Drachen, Riesen und Kobolde sind keine Bewohner der physikalischen Welt, wohl aber leben sie in einer quasi-realen imaginären Welt, die von Menschen ohne Probleme betreten und wieder verlassen werden kann. Und sie haben die gleiche Existenzberechtigung wie das meßbare Universum. Unsere Vorfahren, die gleichzeitig in beiden Welten zu leben verstanden, hatten damit weniger Schwierigkeiten. Wenn die Rede von Neuen Zeitaltern einen Sinn haben kann, so besteht er vielleicht darin, jene einfache Fähigkeit wieder zu erlernen – ohne, wie es Esoteriker und Wissenschaftler gleichermaßen tun, beide Welten zu vermischen, zu verwechseln oder gar auszutauschen.

„Ich habe heute schon sieben unglaubhafte Dinge vor dem Frühstück geglaubt", sagt ein Bewohner des Wunderlandes zu Alice, „was soll daran besonders sein?"

Fortianische Zeitschriften

Täglich geschieht auf der Welt etwas „Unerklärliches", werden Ufos und Seeschlangen gesehen, hüpfen Tassen in Häusern umher und regnen Fische vom Himmel. Zahlreiche Zeitschriften in aller Welt widmen sich diesem Thema, teils sensationalistisch, teils vernünftig und manche höchst gelehrt. Die folgenden Zeitschriften können als informativ und kritisch gelten. In Deutschland werden zwei Magazine veröffentlicht, die sich mit Ufos beschäftigen:

CENAP REPORT
Werner Walter
Eisenacher Weg 16
6800 Mannheim 31

Journal für UFO-Forschung
Postfach 2361
5880 Lüdenscheid

Die wichtigsten fortianischen Zeitschriften im strengeren Sinn erscheinen in Großbritannien und den USA. Die *Fortean Times* beschreibt alle Phänomene und gibt einen breiten Überblick, *Strange* untersucht ganz bestimmte Sichtungen und versucht Erklärungen, *The Ley Hunter* streift vor allem die Zusammenhänge zwischen archaischen schamanistischen Ritualen und heutigen Phänomenen, *The INFO Journal* und *Pursuit* haben ein breites Angebot an allgemeinen Beiträgen:

Fortean Times
20 Paul Street
Frome
Somerset BA 11 1 DX
Großbritannien

The INFO Journal
P. O. Box 367
Arlington
VA 22210-0367
USA

The Ley Hunter
Box 92
Penzance
Cornwall TR 18 2 XL
Großbritannien

Pursuit
P. O. Box 265
Little Silver
NJ 07739-0265
USA

Strange
P. O. Box 2246
Rockville
MD 20847
USA

Speziell mit Sichtungen von Ungeheuern in Seen befaßt sich das zweimonatlich in England herausgegebene Nachrichtenblatt *Nessletter*. Alle zwei Monate erscheint auch das Nachrichtenblatt *Science Frontiers*, das fast ausschließlich Berichte aus Wissenschaftsmagazinen aufführt, die kontroverse Themen behandeln. Der Schwerpunkt liegt dabei auf „harten fortianischen Phänomenen", also Kugelblitzen, Eisbomben etc., die vielleicht eines Tages bewiesen und in den Kanon der Naturwissenschaften aufgenommen werden.

Nessletter
Rip Hepple
7 Huntshieldford
St Johns Chapel
Bishop Auckland
Durham DL 13 1 RO
Großbritannien

Science Frontiers
The Sourcebook Project
P. O. Box 107
Glen Arm
MD 21057
USA

Anmerkungen

Die Tür zum Wunderland

1 Lewis Carroll: Alice in Wonderland. In: The Penguin Complete Lewis Carroll. Harmondsworth: Penguin 1982, S. 9–124, Zitat S. 15–16
2 Das umfassendste Werk der deutschen Folkloreforschung ist das von 1927 bis 1942 in 10 Bänden von den Baseler Volkskundlern Eduard Hoffmann-Krayer und Hanns Bächtold-Stäubli herausgegebene „Handwörterbuch des deutschen Aberglaubens" (Walter de Gruyter: Berlin und Leipzig 1927–1942; Reprint 1986). Nach über zehnjähriger Sammelarbeit mit über 600 000 Zetteln, verteilt auf 3600 Stichworte, veröffentlichten „die gescheitesten Köpfe der deutschen Volkskunde ... eines der besten Lexika der Welt" („Der Spiegel" 1/1987, 29. Dezember 1986, S. 109–110), das sämtliche Aspekte des Volksglaubens erfaßt – von der Magie über religiöse Folklore zu Brauchtum und Sage. In den Literaturangaben zu diesem Buch wird das Werk kurz als „Handwörterbuch" zitiert.
3 Der amerikanische Schriftsteller Charles Hoy Fort (1874–1932) vertrat in seinen vier Büchern („The Book of the Damned", „New Lands", „Lo!" und „Wild Talents") die These, daß die Wissenschaft – wie auch Religion und Aberglaube – eine unvollkommene Systematisierung der Wirklichkeit darstellt. Um den Eindruck eines geschlossenen und schlüssigen Weltbildes zu vermitteln, „verdammt" sie all die Realitäten, die ihren Paradigmen widersprechen. Zur Untermauerung seiner Ansichten sammelte Fort etwa 40 000 unorthodoxe wissenschaftliche Notizen über Ufos, Seeschlangen, Poltergeister, paranormale Erscheinungen und Regen von Fischen und Fröschen. Eine kleine, aber repräsentative Auswahl aus Forts Werk hat Louis Kaplan 1991 für den Berliner Verlag Gatza unter dem Titel „Witzenschaftliche Weltbetrachtungen" herausgegeben.
4 Charles Fort: The Complete Books. New York: Dover 1974
5 Janet und Colin Bord: Geheimnisse des 20. Jahrhunderts. Bayreuth: Hestia 1990

1. Unentdeckte Lebewesen

Seejungfrauen und Wassermänner

1 Hans Jakob Christoffel von Grimmelshausen: Der Abentheuerliche Simplicissimus. Tübingen: Niemeyer 1967, S. 404–408

2 Handwörterbuch des deutschen Aberglaubens. Berlin: de Gruyter 1986, Band 6, Sp. 619–621

3 Raymond Fowler: Die Wächter. Gladbach: Bastei Lübbe 1991, S. 56

4 Gebrüder Grimm: Deutsche Sagen. München: Winkler 1956, S. 74

5 Ulrich Magin: Von Ufos entführt. München: C. H. Beck 1991

6 Grimm, S. 71

7 Colin Clair: Unnatürliche Geschichten. Zürich: Atlantis 1969, S. 208; Berliner Abendblätter, 6. Februar 1811, S. 124

8 Heinrich von Kleist: Wassermänner und Sirenen. In: Berliner Abendblätter, 5. Februar (S. 120) und 6. Februar (S. 124) 1811; Nürnberger Korrespondent, 6. Juli 1808; Gehler: Physikalisches Wörterbuch, 3. Teil, 1798

9 Ulf Diederichs und Christa Hinze (Hrsg.): Hessische Sagen. Düsseldorf 1978, S. 156

10 Hans van Kampen. In: CENAP Report, Juli und August 1991

11 M. Spingler: Fifty little green „frogmen". In: Flying Saucer Review 22: 6, 1977, S. 21/22

12 Illo Brand und Adolf Schneider: Gleißend-helle Objekte und fremdartige Gestalten in Langenargen. In: Illo Brand (Hrsg.): Strahleneinwirkungen in der Umgebung von UFOs. Feldkirchen-Westerham: MUFON-CES 1978, S. 43–75

Feuerdrachen

1 Otto Billig: Flying Saucers. Schenkman: Cambridge, Mass. 1982, S. 51 f

2 Michel Meurger und Claude Gagnon: Lake Monster Traditions in the old and new worlds. Fortean Tomes: London 1988, S. 16

3 George Adamski und Desmond Leslie: Flying Saucers Have Landed. Spearman: London 1976, S. 43

4 Johann Wolfgang Goethe: Gedichte in zeitlicher Folge. Insel: Frankfurt/Main 1982, S. 613

5 Zedler: Großes Universal-Lexikon, Band 7, S. 1374

6 Ernst Christmann: Meteoriten-Erscheinung. In: Pfälzer Heimat, 1950, S. 42

7 Paul Zaunert (Hrsg.): Rheinland-Sagen. Diederichs: Jena 1924, Band 2, S. 242

8 Nigel Watson: Enigma Variations – Historical Aerospatial Anomalies. In: Fortean Times 36, Winter 1982, S. 44–46

Seedrachen und Wasserschlangen

1 Nach Paul Budker: The Life of Sharks. London: Weidenfeld and Nicolson 1971, S. 136

2 Notes & Querries, vol. 5, 1858, S. 313; Gentlemen's Magazine, 1750, vol. XX, S. 342

3 Neue Mannheimer Zeitung, 15. Mai 1936, S. 8

4 Gerd Harms-Hausmann: Leben im Meer. In: Das große Buch der Ozeane. Stuttgart: Das Beste 1970, S. 168

5 Hannes Bartschi: Phänomebale. Basel: Sphinx 1985, S. 77f

6 Handwörterbuch des deutschen Aberglaubens. Berlin 1988, Band 2, Sp. 375

7 Paul Zaunert (Hrsg.): Rheinland-Sagen. Jena: Diederichs 1924, Band 2, S. 242

8 Paul Zaunert (Hrsg.): Rheinland-Sagen. Jena: Diederichs 1924, Band 1, S. 256f

9 Johann Heinrich Zedler: Großes Vollständiges Universal-Lexikon, Leipzig und Halle: J. H. Zedler, Band 53, 1747, S. 681; die folkloristische Version, die zusätzlich nach dem Gebrüll und dem Verschwinden des Ungeheuers von einem „stinkenden Schwefelgeruch" berichtete, der die Luft verpestete („Viele bekamen Geschwüre davon, die sehr schwer heilten"), kann man nachlesen in: Leander Petzoldt (Hrsg.): Deutsche Volkssagen. München: C. H. Beck 1970, S. 221

10 Handwörterbuch, Band 2, Stichwort „Drache"

11 Michel Meurger und Claude Gagnon: Lake Monster Traditions. London: Fortean Tomes 1988, S. 129

12 Victor Carl: Pfälzer Sagen. Neustadt/Weinstr.: Pfälzer Verlagsanstalt 1977, S. 235; Wood: Guiness Book of Animal Facts and Feats. London: Guiness 1976, S. 152; Sonntag Aktuell, 20. September 1987, S. 8

13 Meurger, S. 148

14 Handwörterbuch, Band 2, Sp. 382

15 Meurger, S. 149

16 Meurger, S. 149

17 Meurger, S. 150

18 taz, 22. November 1991, S. 20

19 Meurger, S. 152

20 Handwörterbuch, Band 2, Sp. 761

21 Meurger, S. 256

22 Meurger, S. 256

23 Meurger, S. 257

24 The Times, 31. August 1976, S. 4 und 1. September 1976, S. 4; Süddeutsche Zeitung, 30. August 1976, S. 6 (Sichtung im Herbst 1975); Die Welt, 1. September 1976, S. 22 und 6. September 1976, S. 14 (Sichtung im Frühjahr 1976); „Verstehen Sie Spaß?", ARD, 10. April 1980

25 Riffler und Löbl-Schreyer: Im bayrischen Gebirg. München: Süddeutscher Verlag 1983, S. 90; Süddeutsche Zeitung, 4. August 1971, S. 3

26 Tauchen, August 1983, S. 9

27 Meurger, S. 151

28 Meurger, S. 230

29 Bild, 25. und 26. Juni 1991

30 Die Rheinpfalz, 30. August 1979; große, praktisch urgewaltige Fische

sollen auch für verschiedene baltische Sichtungen verantwortlich sein, die vor Beginn des Zweiten Weltkrieges gemeldet wurden. Im Juli 1939 sahen Schwimmer im Memelfluß in Litauen „eine große Wasserschlange", die von einer Gruppe Männer gejagt und schließlich mit einem Netz gefangen wurde. Sie stellte sich als achteinhalb Fuß langer Stör heraus, wie die „Neue Mannheimer Zeitung" am 12. Juli 1939 berichtete. Ein Lehrer sah ein anderes Wassermonster in einem See im Osten Lettlands. Als er seine Angel einzog, erblickte er vor sich einen riesigen Fisch. Der Anblick erschreckte ihn nicht schlecht. Die Seeanrainer berichteten ihm, sie wüßten von einem Riesenfisch in dem Gewässer und hielten das Monster – ganz in der Tradition der Eifelmaare – für einen Riesenhecht (Neue Mannheimer Zeitung, 12. August 1939).

31 Mannheimer Morgen, 23. August 1983
32 Bild, 26. Juni 1991

Riesenkatzen und Geisterhunde

1 Anna Wimschneider: Herbstmilch. München: Piper 1987, S. 144 f
2 John A. Keel: Strange Creatures from Time and Space. Greenwich, Conn.: Fawcett 1970, S. 23
3 Keel, S. 26
4 Daniel Farson: Vampire und andere Monster. Berlin: Ullstein 1978, S. 60
5 Albert Becker: Pfälzer Volkskunde. Leipzig: Schroeder 1925, S. 126
6 Irish Daily Telegraph, 6. 2. 1934, S. 8
7 Henry Makowski: Neuer Kurs für Noahs Arche. München: Kindler 1985, S. 179
8 Die Rheinpfalz, 8. 10. 1954, S. 3
9 Die Rheinpfalz, 15. 11. 1977, Süddeutsche Zeitung, 15. 4. und 19. 4. 1977, Schwarzwälder Bote, Juli 1977, Jacques Vallee: Messengers of Deception. Berkeley, Cal.: And/Or Press 1979, S. 170
10 Die Rheinpfalz, 28. 7. und 13. 7. 1982, Süddeutsche Zeitung, 28. 7. und 4. 8. 1982, Frankfurter Allgemeine Zeitung, 13. 8. 1982
11 Fortean Times 42, S. 41; Bild, 9. 7. 1983
12 Neues Deutschland, 15. 8. 1983
13 Die Rheinpfalz, 18. 4. 1985
14 Süddeutsche Zeitung, 24. 6. 1985, S. 8; Frankfurter Allgemeine Zeitung, 24. 6. 1985, S. 7; Die Rheinpfalz, 25. 6. 1985
15 Die Rheinpfalz, 6. 4. 1988
16 Mannheimer Morgen, 3. 11. 1989, Frankfurter Rundschau, 11. 11. 1989
17 Süddeutsche Zeitung, 11. 5. 1971, S. 32
18 Süddeutsche Zeitung, 28. 1. 1974, S. 6
19 Süddeutsche Zeitung, 16. 7. 1975, S. 30
20 Süddeutsche Zeitung, 18. 7. 1975, S. 32 und 19. 7. 1975, S. 12
21 Süddeutsche Zeitung, 13. 10. 1977, S. 48 und 15. 10. 1977, S. 13

1 Paul Zaunert (Hrsg.): Sächsische Sagen. Jena: Diederichs 1926, S. 196

2 Johann Heinrich Zedler: Großes Vollständiges Universal-Lexikon. Leipzig und Halle: J. H. Zedler, Band 34, 1742, S. 1796

3 Zedler, Band 34, S. 1793

4 J. S. Ersch und J. G. Gruber: Allgemeine Encyclopaedie der Wissenschaften und Künste. Leipzig: Brockhaus 1836, Sektion 1, Band 27, S. 291; nach den „Annales Corbeienses"

5 Heinrich von Kleist in den „Berliner Abendblättern", 28. Dezember 1810, S. 290

6 Paul Zaunert (Hrsg.): Rheinland-Sagen. Jena: Diederichs 1924, Band 2, S. 242

7 Peter Kolosimo: El planeta incógnito. Barcelona: Plaza y Janés 1985, S. 95

8 Paul Zaunert (Hrsg.): Rheinland-Sagen. Jena: Diederichs, 1924 Band 1, S. 101. Die fast gleiche Geschichte haben die Gebrüder Grimm in Burgdorf bei Bern in der Schweiz aufgezeichnet – es handelt sich also tatsächlich um eine Wandersage. Im Drachenloch, einer Höhle bei Burgdorf, lebte vor langer Zeit ein Drache. Im Jahre 712 wollten zwei Brüder, Sintram und Beltram, Herzoge von Lensburg, eine Burg bauen und entdeckten dabei die Monstren. Die ganze Umgebung ihres Nestes war ein verödeter Flecken inmitten einer Berg- und Waldwildnis. Einer der Drachen verschlang Beltram, doch sein Bruder erlegte die Bestie und befreite den noch lebenden Beltram aus dem Bauch des Untiers. Zum Andenken an den Vorfall wurde am Ort eine Kapelle für die heilige Margareta, eine Drachentöterin, gebaut (Grimm: Deutsche Sagen. München: Winkler 1956, S. 230). Das Erlegen des Untieres ist hier, wie im Falle von Geldern, eine zivilisatorische Leistung, die Bezwingung der ungebändigten und bedrohlichen Wildnis durch die ordnende Hand des Menschen. In der Vorstellung des vom Drachen gefressenen und aus ihm wieder lebend hervorgekommenen Helden spüren wir noch Ahnungen vorchristlicher Kulte.

9 Rhein-Zeitung, 13. August 1988, S. 4

10 Charles Gould: Mythical Monsters. London 1886; London: Bracken Books 1989, S. 233f

11 Gould, S. 203

12 Ludwig Bechstein: Märchen und Sagen. In: Bechstein, Grimm, Hauff: Deutsche Märchen und Sagen. München: Knaur 1985, S. 209

13 Grimm, S. 41

14 ABC, Madrid, 7. Juli 1973

15 Ulrich Magin: European Dragons; The Tatzelwurm. In: Pursuit 19:1, 1986, S. 16–22

16 Nach Othenio Abel: Die vorzeitlichen Tiere im Mythus, Brauchtum und Volksglauben. Jena: G. Fischer 1939, S. 186

17 Alfred Cérésole: Legendes des Alpes vaudoises. Lausanne 1885; Genf: Slatkine 1983, S. 156

Will-Erich Peuckert: Ostalpensagen. Berlin: Erich Schmidt Verlag 1963, S. 124–132

Willy Ley: Un animal inconnu dans les Alpes. In: La Nature, Paris, Juni 1938, S. 366–367

Friedrich von Tschudi: Das Thierleben der Alpenwelt. Leipzig: J. J. Weber 1861, S. 152

Gerhard Venzmer: Ein Tier, von dem man nicht weiß, ob es existiert. In: Kosmos, Stuttgart, 1930, S. 424–427

Hans Flucher: Zur Frage: Gibt es einen Tatzelwurm. In: Kosmos, 1931, S. 118–121

Hans Flucher: Noch einmal die Tatzelwurmfrage. In: Kosmos, 1932, S. 66–68; 100–102

Ulrich Halder: Der Tatzelwurm: Mythos oder Wirklichkeit? SBN-Pressedienst, 1984, S. 1–5

Pierre Lang: Connaissez-vous le tatzelwurm? In: Le Matin, Lausanne, 12. Mai 1985

Lucien Cuénot: Science et pseudo-sciences. In: Revue Scientifique, Paris 78:1, Januar 1940, S. 3–10

Prof. Dr. Meusburger. In: Der Schlern, Bozen, XII, 1931, S. 458ff (enthält eine Liste mit 62 Sichtungen)

Hans Flucher. In: Der Schlern, XIII, 1932, S. 497–508

Jacob Nicolussi: Der Tatzelwurm und seine Verwandtschaft. In: Der Schlern, XIV, 1933, S. 119–130

Johann Nepomuk Ritter von Alpenburg: Mythen und Sagen Tirols. Niederwalluf: M. Sändig 1971 (Original: Zürich: Meyer & Zeller 1857), S. 372–380

Klaus Gross. Leserbrief in: Kosmos, Stuttgart, Mai 1983, S. 8

Willy Ley: Drachen, Riesen. Stuttgart: Kosmos 1953, S. 165–170

Michel Meurger und Claude Gagnon: Lake Monster Traditions. London: Fortean Tomes 1988, S. 265–268

18 Halder, S. 3

19 Harold T. Wilkins: Flying Saucers on the Attack. New York: Ace Books 1967, S. 36

20 Le Matin, Lausanne, 12. Mai 1985

21 Jean-Jacques Barloy: Enquete sur le serpent de mer et les animaux mysterieux, no. 34, 1985

22 Meurger, S. 265

23 Meurger, S. 266

24 Süddeutsche Zeitung, 8. Juli 1981, S. 36

25 Meurger, S. 266

26 Kosmos 1930, S. 427

27 Kosmos 1932, S. 102

28 Kosmos 1931, S. 120

29 Kosmos 1932, S. 101

30 Kosmos 1932, S. 102

31 Kosmos 1932, S. 101 f

32 Peuckert, S. 127

33 Peuckert, S. 128

34 J. N. v. Alpenburg: Mythen und Sagen Tirols. Zürich: Meyer & Zeller 1857, S. 379

35 Peuckert, S. 129

36 Peuckert, S. 130

37 Peuckert, S. 132

38 Kosmos 1932, S. 100

39 Peter Kolosimo: Viel Dinge zwischen Himmel und Erde. Wiesbaden: Limes 1971

40 Ulrich Magin: European Dragons: The Tatzelwurm. In: Pursuit 19:1, 1986, S. 16–22

41 Klaus Gross: Der Tatzelwurm – eine Eidechse? In: Kosmos, Mai 1983, S. 8

2. Unbekannte Welten

Kobolde und Riesen

1 Jerome Clark und Loren Coleman: The Unidentified. New York: Warner Books 1975, S. 173

2 Gebrüder Grimm: Deutsche Sagen. München: Winkler 1956, S. 187

3 Grimm, S. 69

4 Grimm, S. 192

5 Grimm, S. 67

6 Grimm, S. 7

7 Grimm, S. 174

8 Grimm, S. 127

9 Peter Kolosimo: El planeta incógnito. Barcelona: Plaza y Janés 1985, S. 95

10 M. Bader, A. Ritter und A. Schwarz: Wörth am Rhein – Ortschronik. Band I. Wörth: Stadt Wörth 1983, S. 60 ff

11 Grimm, S. 58

12 Elisabeth Andrews: Ulster Folklore. Wakefield: EP Publishing 1977, S. 62; F. L. Dunbar und von Kalckreuth: Von tausend Dingen. Stuttgart: Sonnen-Verlag ²1950, S. 283

13 Sergius Golowin: Götter der Atomzeit. Bern und München: Francke 1967, S. 102 f

14 Janet und Colin Bord: Geheimnisse des 20. Jahrhunderts. Bayreuth: Hestia 1990, S. 395

15 Ulrich Magin: Kontakte mit „Außerirdischen" im deutschen Sprachraum. Lüdenscheid: GEP 1991, S. 53

16 Journal für UFO-Forschung 4/1990, S. 107

17 Richard Hall: Uninvited Guests. Santa Fé, N. M.: Aurora 1988, S. 45

18 Andreas Faber-Kaiser: Las nubes del engaño. Barcelona: Planeta 1984, S. 249; Hans Peter Duerr: Traumzeit. Frankfurt/Main: Syndicat 1978, S. 17, 177

19 Peter Kolosimo: Sie kamen von einem anderen Stern. München: Goldmann o. J., S. 123

20 Grimm, S. 311

21 Grimm, S. 169

22 Grimm, S. 72

23 Vgl. Zvonko Lovrenčević: Creatures from the Bilogora in Northern Croatia. In: Vladimir Markotić (Hrsg.): The Sasquatch and other Unknown Hominoids. Western Publishers, Calgary 1984, S. 266–273
William Anderson: Green Man – The Archetype of Our Oneness with the Earth. Harper Collins, Glasgow 1991
Myra Shackley: Und sie leben doch. Bigfoot, Almas, Yeti und andere geheimnisvolle Wildmenschen. Harnack, München 1983

24 Leander Petzoldt: Historische Sagen. Band 1. München: C. H. Beck 1976, S. 200

25 Petzoldt, S. 202

26 Northern Whig, Belfast, 11. Oktober 1856, S. 2

27 Die Rheinpfalz, 20. März 1987

28 Bild, 21. Mai 1977

29 Günter Walraff: Zeugen der Anklage. Köln: Kiepenheuer & Witsch 1979

30 Neue Mannheimer Zeitung, 15. August 1936, S. 5

31 Neue Mannheimer Zeitung, 3. November 1938, S. 7

32 Süddeutsche Zeitung, 14. Oktober 1974, S. 8

33 Verstehen Sie Spaß?, ARD 31. März 1990

34 John Napier: Bigfoot. London: J. Cape 1973, S. 153

Marien- und Engelerscheinungen

1 Will-Erich Peuckert: Deutsche Propheten. In: Handwörterbuch des deutschen Aberglaubens. Band 9, Nachträge, S. 66–100, Zitat S. 79

2 Werner F. Bonin: Lexikon der Parapsychologie. Frankfurt/M.: Fischer 1981, S. 229

3 Jacques und Janine Vallée: Challenge to Science. New York: Ballantine 1966, S. 100–102

4 Oliver Sacks: Der Mann, der seine Frau mit einem Hut verwechselte. Reinbek: Rowohlt 1990, S. 222–226

5 Kevin McClure: Erscheinungen der Jungfrau Maria. München: Knaur 1988

6 Johannes Fiebag: Marienerscheinungen – Direktkontakte mit extraterrestrischen Intelligenzen. In: Erich von Däniken (Hrsg.): Kosmische Spuren. München: Goldmann 1988, S. 236–244; Däniken: Erscheinungen. Düsseldorf: Econ 1974, S. 302; Janet und Colin Bord: Geheimnisse des 20. Jahrhunderts. Bayreuth: Hestia 1990, S. 369

7 John A. Keel: Operation Trojan Horse. London: Abacus 1973, S. 264; Däniken, S. 300; Bord S. 369

8 Bord, S. 403

9 Hansjürgen Köhler: Grenzfälle der UFO-Forschung. In: CENAP Report 182, April 1991, S. 24–27

10 Bild, 4. September 1982; Mannheimer Morgen, 9. September 1982; Die Rheinpfalz, 7. Oktober 1983

11 Die Rheinpfalz, 21. und 26. Oktober 1982

12 Michael Goss: The Evidence for Phantom Hitch-Hikers. Wellingborough: Aquarian Press 1984

13 Däniken, S. 290

14 Däniken, S. 290

15 Däniken, S. 292

16 Däniken, S. 292

17 Nevill Drury: Lexikon esoterischen Wissens. München: Heyne 1988, S. 91–92

18 Däniken, S. 294

19 Peuckert, S. 74

20 Peuckert, S. 71

21 Peuckert, S. 68

22 Peuckert, S. 94

23 Peuckert, S. 68

24 Peuckert, S. 78

25 Sonntag Aktuell, 21. Juni 1992, Karin Hackenbroich: „Kevelaer: Wallfahrt mit dem Motorrad"

26 Peuckert, S. 78

27 Däniken, S. 295

28 Peuckert, S. 92

29 Peuckert, S. 68

30 Drury, S. 365

31 Däniken, S. 298

32 Däniken, S. 298; McClure, S. 163

33 Däniken, S. 298

34 McClure, S. 163

35 Däniken, S. 299

36 Siehe Anm. 7

37 Däniken, S. 300

38 Däniken, S. 300

39 Johannes und Peter Fiebag: Himmelszeichen. Goldmann: München 1992, S. 233 ff; siehe auch Anm. 8

40 Däniken, S. 301

41 Bord, S. 398

42 Däniken, S. 302

43 Ebenda

44 Fiebag: Himmelszeichen, S. 183 ff; siehe auch Anm. 6

45 Bord, S. 370

46 Däniken, S. 303

47 Heinz Höfl: Göttliche Kraft am Steißbein. In: Der Spiegel 19/1985, 6. Mai 1985, S. 94–104. – Die letzte Erscheinung, die in der Bundesrepublik für Schlagzeilen sorgte, soll sich am Karfreitag 1990 ereignet haben. Die Politikerin Karla Fohrbeck will in Nürnberg „Lichtengeln" begegnet sein. Als das Erlebnis, bei dem sie „voller Ehrfurcht und Gläubigkeit und Demut" war, für gehässige Kommentare in der Lokalpresse sorgte, erklärte Frau Fohrbeck, Mitglied der „Freien Christengemeinde", sie hätte nicht häufig, sondern nur ein einziges Mal eine Vision gehabt. Aus dem Abstand eines Jahres urteilte sie, es habe sich nicht um Engel, sondern um „Wahrsagegeister", also dämonische Kreaturen, gehandelt. (Vgl. Günter Dehn: Eine Politikerin läßt sich von Lichtengeln erleuchten. In: Deutsches Allgemeines Sonntagsblatt, 16. August 1991, S. 20.)

48 Siehe Anm. 10

49 Siehe Anm. 11

Poltergeister

1 Hans Bender: Parapsychologie. Frankfurt/Main: Fischer Taschenbuch 1976, S. 78

2 Janet und Colin Bord: Geheimnisse des 20. Jahrhunderts. Bayreuth: Hestia 1990, S. 369 f

3 Bord, S. 403 f

4 Bord, S. 14

5 Bender, S. 79

6 Bord, S. 14; Bender, S. 80

7 Bender, S. 113

8 Bender, S. 115–117

9 Bord, S. 14

10 Sonntag Aktuell, 21. Februar und 28. Februar 1982; Die Rheinpfalz, 8. und 9. März 1982

11 Eine gute Übersicht über den Stand der parapsychologischen Poltergeistforschung (insbesondere wird auf deutsche Fälle eingegangen) bietet Hans Bender: Moderne Spukforschung – Ein Plädoyer für eine vorurteilsfreie Forschung. In: John Beloff (Hrsg.): Neue Wege der Parapsychologie. Freiburg i. Br.: Walter 1980, S. 175–199. – Eine wissenschaftlich genaue und höchst lesenswerte Analyse zu Beginn, Dauer und Phänomenologie von deutschen Spukfällen bieten Monika Huesmann und Friederike Schriever unter dem Titel „Steckbrief des Spuks" in der „Zeit-

schrift für Parapsychologie und Grenzgebiete der Psychologie" (Freiburg) in Heft 1/2, Jahrgang 31, 1989, auf den Seiten 52–107.
12 Die Rheinpfalz, 8., 13., 17. Juli 1982

Phantome am Himmel

1 Süddeutsche Zeitung, 25. 4. 1959, S. 2
2 Süddeutsche Zeitung, 27. 4. 1959, S. 2
3 Süddeutsche Zeitung, 28. 4. 1959
4 Ebenda
5 Süddeutsche Zeitung, 29. 4. 1959
6 Leander Petzoldt (Hrsg.): Historische Sagen. München: C. H. Beck 1976. Band I, S. 74
7 Petzoldt, S. 75
8 C. G. Jung: Ein moderner Mythus – Von Dingen, die am Himmel gesehen werden. Zürich: Rascher 1958, S. 109
9 Jung, S. 110
10 Otto Billig: Flying Saucers – Magic In the Skies – A Psychohistory. Cambridge, Mass.: Schenkman 1982, S. 149
11 Billig, S. 53
12 Andreas Faber-Kaiser: Las nubes del engaño – Crónica extrahumana antigua. Barcelona: Planeta 1984, S. 251
13 Handwörterbuch des deutschen Aberglaubens, Band 6, Sp. 1119–1121
14 Charles Hoy Fort: The Complete Books of Charles Fort. New York: Dover 1974, S. 42
15 Fort, S. 422
16 Der Spiegel, 20/1988 (16. 5. 1988), S. 172/143

3. Unerklärliche Naturphänomene

Himmlische Geräusche

1 F. Regensberg: Rätselhafte Knallgeräusche. In: Kosmos, 1909, S. 19–21
2 Ebenda
3 Ebenda
4 Ebenda
5 Neue Mannheimer Zeitung, 9. Januar 1939, S. 5
6 Alan Boucher (Übers.): Elves, Trolls and Elemental Beings – Icelandic Folktales II. Reykjavík: Iceland Review Library ³1981, S. 74, 75
7 Anon.: Do you believe in ghosts? In: Holiday West Lochaber, August 1987, S. 16
8 Vgl. das Kapitel über Wasserdrachen

9 Johannes Fiebag: Rätsel der Menschheit. Luxemburg: John Fisch-Verlag 1982, S. 189–192

10 Vgl. das Kapitel „Phantome am Himmel"

11 Die Rheinpfalz – Ludwigshafener Rundschau, 15. Januar 1979

12 Ebenda

Kalte Grüße von oben

1 Die Rheinpfalz, 6. August 1991

2 Pursuit, Februar 1987, S. 142

3 Süddeutsche Zeitung, 30. Oktober 1978

4 Straubinger Tageblatt, 6. Januar 1988; CENAP Report 145, März 1988, S. 20

5 Süddeutsche Zeitung, 7. Oktober 1988, S. 60

6 Sonntag Aktuell, 18. Dezember 1988, S. 36

7 Süddeutsche Zeitung, 13. August 1990, S. 8

8 Sonntag Aktuell, 26. August 1990, S. 8

9 Rolf Wilhelm Brednich: Die Maus im Jumbo-Jet. München: C. H. Beck 1991, S. 32

10 Tag & Nacht, Heft II, 1991

11 Die Rheinpfalz, 27. Februar 1991

12 Ivan T. Sanderson: Uninvited Visitors. London: Tandem 1974

13 Alwin Dressler: Kuriose Naturereignisse. In: Illustrierter Beobachter, München, 25. November 1933, S. 1595

14 Eric Crew: La Formacion de objetos volantes por electricidad atmosferica. In: Cuadernos de Ufologia, 5, 1989, S. 61–67

15 Charles Fort: The Complete Books. New York: Dover 1974, S. 272

16 Arthur C. Clarke, Simon Welfare und John Fairley: Geheimnisvolle Welten. München: Knaur 1986, S. 39. – Der jüngste Fall von Eis ereignete sich in der Bundesrepublik am 17. Dezember 1991. Ein blau schimmernder Brocken schlug in einem Augsburger Garten ein, der Finder hob ihn im Kühlschrank auf und übergab ihn später der Polizei, die davon ausging, es handle sich um gefrorene Fäkalien aus einer beschädigten Flugzeugtoilette. Bereits im August war ja ein Eisklotz in einem anderen Teil Augsburgs durch ein Hausdach gekracht; für beide Anschläge verneinte die Lufthansa ihre Verantwortung (Frankfurter Rundschau, 18. Dezember 1991, S. 32). Laut den „Königlich Fränkischen Annalen" und den „Karolingischen Chroniken" fiel „Anno 824 einige Tage vor der Sommersonnenwende ein großer Eisblock vom Himmel, während eines Hagelsturmes bei der Stadt Autun. Er war 4,5 m lang, 2 m breit und 50 cm dick" (W. Sholz: Charolingian Chronicles, Ann Arbor, Michigan 1972, reproduziert in: Science Frontiers 60, 1988, S. 3 und INFO Journal 58, 1989, S. 35). Auch in diesem Falle muß es sich nicht unbedingt um Fäkalien von Fluggästen gehandelt haben ...

Dinge, die vom Himmel fallen

1 Johann Peter Hebel: Mancherlei Regen. In: Hebel: Kalendergeschichten. Frankfurt/Main: Insel 1965, S. 126–132
2 Dieter Ullmann: Chladni. Leipzig: B. G. Teubner 1983
3 Hebel, S. 130
4 Charles Fort: The Complete Books. New York: Dover 1974, S. 93
5 Alwin Dressler: Kuriose Naturereignisse. In: Illustrierter Beobachter, München, 25. November 1933, S. 1594
6 Dressler, S. 1594
7 Nach: Handwörterbuch des deutschen Aberglaubens, Band 3, Sp. 125
8 Handwörterbuch, Band 6, Sp. 224
9 Heinrich v. Kleist: Aufklärung über die Naturerscheinung von Zeulenroda. In: Berliner Abendblätter, 18. Februar 1811, S. 2–4
10 Handwörterbuch, Band 1, Sp. 1445: Blutregen – Band 4, Sp. 1426: Schlangenregen – Band 5, Sp. 630: Krötenregen – Band 7, Sp. 1458: Schwefelregen – Band 7, Sp. 1001: Kornregen – Band 8, Sp. 416: Steinregen – Band 9, Sp. 171: Steinregen – Band 9, Sp. 857: Wurmregen –
11 Die Rheinpfalz, 26. Februar 1991
12 Saudi Gazette, 24. Februar 1991, S. 1
13 Sonntag Aktuell, 21. April 1991, S. 56
14 Bild, 12. März 1991
15 Sign, Basel, Nr. 10
16 Fortean Times 55, 1990, S. 13
17 Sign, Nr. 10 und 11

Leuchtende Kugeln und Irrlichter

1 Martin D. Altschuler: Atmospheric Electricity and Plasma Interpretations of UFOs. In: Condon (Hrsg.): Scientific Study of Unidentified Flying Objects. New York: Bantam 1969, S. 723–755 (Zitat S. 734)
2 Mark Stenhoff: Torro Ball Lightning Division Report: April 1987. In: Journal of Meteorology, Bath, 12: 200, 1987, zitiert in: Science Frontiers Nr. 54, Nov–Dec 1987, S. 3/4. – Einen ähnlichen Fall berichten Janet und Colin Bord (Geheimnisse des 20. Jahrhunderts. Bayreuth: Hestia 1990, S. 409) aus Grindelwald in der Schweiz. Im Juli 1921 drangen mehrere helle Lichtkugeln aus der Luft durch eine Tür in ein großes Holzlager ein, dort verschwanden sie mit einer lauten Explosion – nur ein Gestank blieb zurück.
3 Irish Daily Telegraph, Belfast, 22. Januar 1934, S. 8
4 Neue Mannheimer Zeitung, 23. Juli 1938, S. 6
5 Walter L. Kelch: Kugelförmige UFOs = Kugelblitze? In: Journal für UFO-Forschung 60, 1988, S. 170–173
6 Paul Devereux: Earthlights. Wellingborough: Turnstone 1982, S. 34–37
7 Meteorologische Rundschau, 1910, S. 83, zitiert in: Enciclopedia Ilustrada Universal. Madrid: Espasa-Calpe, Band 50, S. 453

8 Kosmos 1909, S. 151

9 Allgemeines Anzeige-Blatt, Grätz, 2. Jänner 1841, reproduziert im CE-NAP-Report 175, September 1990, S. 36

10 Frankfurter Allgemeine Zeitung, 6. Juni 1988, S. 7

11 Charles Fort: The Complete Books. New York: Dover 1974, S. 240

12 Handwörterbuch des deutschen Aberglaubens, Band 9, S. 135

13 Handwörterbuch, Band 4, S. 779 f

14 Michael Frizzel und George Walls: Stalking the Mysterious Lights. In: Pursuit, 20:4, 1987, S. 146–151 (Zitat S. 146)

15 John Michell und Robert Rickard: Die Welt steckt voller Wunder. Düsseldorf: Econ 1979, S. 72

16 Walter Kelch in: Journal für UFO-Forschung 67, 1990, S. 3

17 Hans-Werner Peiniger: UFO-Beobachtungen. In: Journal für UFO-Forschung 67, 1990, S. 1–4

18 Janet und Colin Bord: Geheimnisse des 20. Jahrhunderts, S. 159

19 Bob Rickard und John Michell: Die Welt steckt voller Wunder, S. 74

Verzeichnis der Bildquellen

Abb. 1: Nach: Ilo Brand (Hrsg.): Strahleneinwirkungen in der Umgebung von UFOs. MUFON-CES: Feldkirchen-Westerham 1978

Abb. 2: Zentralbibliothek, Zürich

Abb. 3: Bildarchiv Preußischer Kulturbesitz, Berlin

Abb. 4: Aus: Michel Meurger, Lake Monster Traditions. A Cross-Cultural Analysis, London 1988

Abb. 5: Staats- und Stadtbibliothek, Augsburg

Abb. 6: Aus: Michel Meurger, Lake Monster Traditions. A Cross-Cultural Analysis, London 1988

Abb. 7: Mary Evans Picture Library, London

Abb. 8: Fortean Picture Library, Corwen

Abb. 9: Fortean Picture Library, Corwen

Abb. 10: Zentralbibliothek, Zürich

Abb. 11: Bildarchiv Preußischer Kulturbesitz, Berlin

Abb. 12: Bildarchiv Preußischer Kulturbesitz, Berlin

Abb. 13: Germanisches Nationalmuseum, Nürnberg

Abb. 14: Zentralbibliothek, Zürich

Abb. 15: Zentralbibliothek, Zürich

Abb. 16: Richard Griffiths

Abb. 17: Zentralbibliothek, Zürich

Abb. 18: Universitätsbibliothek, Basel